Tolle Ideen für Geburtstage

Gina Anders und Ingrid Koch

Tolle Ideen für Geburtstage

Gratulieren, schenken, inszenieren und darbieten

Zum Thema bei Urania:

Bernd Brucker / Gerald Drews
Die besten Reden für Geburtstagsfeiern
ISBN 978-3-332-01479-2

Gina Anders / Ingrid Koch
Gratulationen zum Geburtstag
ISBN 978-3-7831-6106-9

Rolf Polander
Glückwunschgedichte zum Geburtstag
ISBN 978-3-332-01994-5

René Zey
Einladungen für Geburtstage texten und gestalten
ISBN 978-3-7831-6137-3

Gina Anders / Ingrid Koch
Bürofeste organisieren und gestalten
ISBN 978-3-7831-6060-4

Die Autorinnen:

Gina Anders ist Expertin für kreatives Texten und eine gefragte Beraterin zu diesem Thema.

Ingrid Koch ist Spezialistin für Kreativitätsförderung und findet stets originelle Lösungen für alltägliche Probleme.

Beide Autorinnen leben in Frankfurt am Main und arbeiten seit Jahren erfolgreich zusammen.

Alle in diesem Buch veröffentlichten Abbildungen sind urheberrechtlich geschützt und dürfen nur mit ausdrücklicher schriftlicher Genehmigung des Verlages und des Urhebers/der Urheberin gewerblich genutzt werden.

Die im Buch veröffentlichten Ratschläge wurden von den Verfasserinnen sorgfältig erarbeitet und geprüft. Eine Garantie kann dennoch nicht übernommen werden, ebenso ist eine Haftung der Verfasserinnen bzw. des Verlages und seiner Beauftragten für Personen-, Sach- und Vermögensschäden ausgeschlossen.

Bibliografische Information der Deutschen Bibliothek
Die Deutsche Bibliothek verzeichnet diese Publikation in der Deutschen Nationalbibliografie; detaillierte bibliografische Daten sind im Internet über http://dnb.ddb.de abrufbar.

© 2009 Urania Verlag
in der Verlag Kreuz GmbH
Postfach 80 06 69, 70506 Stuttgart

www.urania-verlag.de

Alle Rechte vorbehalten.

Umschlaggestaltung: Behrend & Buchholz, Hamburg
Titelfoto: Jamie Grill/Getty Images
Redaktion: Anke Scheffler, Berlin
Satz: Grafikstudio Scheffler, Berlin
Druck: Westermann Druck Zwickau
Printed in Germany

ISBN 978-3-7831-6153-3

Inhalt

Vorwort 7

Originelle Geschenkideen entwickeln 9
Was schenkt man wem? 10
Last-Minute-Geschenke 12
Low-Budget-Geschenke 14
Selbstgemachtes zum Essen und Trinken 17
An alles gedacht? 22

Verpackungsideen für Geschenke finden 23
Auspacken macht Spaß 24
Geschenke hinter Glas 29
Offen inszeniert 31
Der »Verpackungsexpress« 32
Irreführend – eine Idee für Spaßvögel 33
An alles gedacht? 34

Geldgeschenke witzig inszenieren 35
Geldgeschenke haben es in sich 36
Der Verwendungszweck 36
Den Geldbetrag angemessen dosieren 37
Banknoten und Münzen von ihrer schönsten Seite 38
Geldgeschenke originell verpacken 39
Die passende Gratulation 41
Inszenierung von Geldgeschenken 47
An alles gedacht? 50

Gutscheine effektvoll gestalten 51
Gutscheine verschenken 52
Geschenkgutscheine 52
Dienstleistungsgutscheine 54
Gutscheine mit Fantasie 57
An alles gedacht? 64

Schriftliche Glückwünsche wertschätzend übermitteln 65
Glückwünsche von A nach B 66
Stilvoll schriftlich gratulieren 69
Handschriftliche Glückwünsche 71
Glückwünsche mit originellen Zitaten 73
Blumig formuliert 77
Gratulationen mit Extra-Zugabe 79
Die XXL-Gratulation per Post 83
Last-Minute-Gratulationen 85
Nachträgliche Gratulationen 87
Danksagung für ein gelungenes Fest 91
An alles gedacht? 94

Charmante Reden und Ansprachen halten 95
So gelingt Ihre Ansprache 96
Reden-Beispiele nach »Bauplan« 99
Gedichte zum Geburtstag 105
An alles gedacht? 112

Mit Darbietungen überraschen 113
Unterhaltung belebt das Fest 114
Die Vorbereitung 114
Quizspiele: spannend und unterhaltsam 116
Sketche: Das macht sie so besonders 129
Gesungene Glückwünsche 147
Darbietungen musikalisch begleiten 156
Wichtig am Tag der Aufführung 158
Au, Panne! Wie man mit Missgeschicken umgeht 159
An alles gedacht? 160

Vorwort

Einladungen zu Geburtstagsfesten sind eine schöne Sache und die meisten Menschen freuen sich darüber. Aber bald nach der Zusage zu einer Geburtstagseinladung beschäftigen einen Überlegungen wie diese:
- Wie findet man heraus, worüber sich das Geburtstagskind freut?
- Wie entscheidet man, ob ein kleines Geschenk oder eine besondere Geschenkinszenierung passend ist?
- Welche Geschenke lassen sich auf die Schnelle selbst herstellen?
- Wie gestaltet man ein Geldgeschenk so, dass es persönlich wirkt?
- Wie kann ein Gutschein witzig verpackt werden?
- Wie kommen schriftliche Glückwünsche wertschätzend rüber?
- Wie lassen sich Zitate in die Gratulation einbauen?
- Wie gratuliert man nachträglich, wenn man das Geburtstagsdatum verschwitzt hat?
- Wie hält man eine amüsante Geburtstagsrede?
- Wie gelingt ein kurzweiliges Gedicht zum Geburtstag?
- Wie kann man mit unterhaltsamen Darbietungen zum Geburtstagfest beitragen?
- Was ist bei der Aufführung von Sketchen zu beachten?
- Wie gestaltet man ein Quiz-Spiel?
- Was gehört zu einem netten »Dankeschön« nach dem Fest?

Auf all diese und weitere Fragen gibt das vorliegende Buch inspirierende, originelle und praxisnahe Antworten, passend für quasi jedes »Geburtstagsszenario«.

Im Mittelpunkt der Geburtstagsfeier sollte immer das Geburtstagskind stehen. Alle Ideen in diesem Buch haben nur ein Ziel: Das Geburtstagskind zu erfreuen, ihm zu vermitteln, wie wichtig es ist, und wie sehr sich alle darauf freuen, dass es ein tolles Geburtstagsfest wird.

Nutzen Sie dieses Buch, um originelle Ideen zu finden und diese selbst weiterzuentwickeln. Kombinieren Sie Ihr Geschenk mit kleinen, feinen Beigaben und genießen Sie dann die Freude, die Überraschung und auch den Applaus.

Die Ideen in diesem Buch dienen als Inspirationen, die Sie mit Einfallsreichtum, mit Liebe, mit Witz oder auch mit einem Augenzwinkern an das jeweilige Geburtstagskind anpassen.

Viel Freude beim Gratulieren, Schenken, Inszenieren und Darbieten wünschen Ihnen

Gina Anders & Ingrid Koch

Originelle Geschenkideen entwickeln

Karten und Glückwünsche in allen Ehren, aber das wirklich Interessante am Geburtstag sind doch die Geschenke! Ob ein Blumenstrauß, ein selbst gemaltes Bild, ein Buch, ein Computerspiel, ein Schmuckstück oder ein Gutschein – jeder freut sich, wenn andere an den eigenen Geburtstag denken.

Was schenkt man wem?

Schenken ist nicht so einfach, wie es auf den ersten Blick erscheinen mag, denn an erster Stelle steht die immer wiederkehrende Frage: Was soll man bloß schenken?
Ziel des Geburtstagsgeschenkes sollte es sein, Wertschätzung für das Geburtstagskind auszudrücken und zu zeigen, dass man sich Mühe mit der Auswahl gegeben hat. Auf keinen Fall soll der Eindruck entstehen, dass man mit dem Überreichen des Geschenkes nur einer lästigen Verpflichtung nachkommt.
Bevor man sich also mit Power in die Vorbereitungen stürzt, sollte man sich vorab ein paar Gedanken über die Tauglichkeit eines Geschenkes machen. Was die einen freut, langweilt die anderen. Worüber der eine lacht, darüber ist der andere beleidigt. Und was sich jemand von Herzen wünscht, damit kann ein anderer überhaupt nichts anfangen.
Damit Sie also mit Ihrem Geschenk ins Schwarze treffen, finden Sie den Geschenke-Steckbrief auf Seite 11.

Auf der Suche nach dem idealen Geburtstagsgeschenk

Geschenke-Steckbrief

Neben dem Alter und dem Geschlecht des Geburtstagskindes können die folgenden Informationen wertvolle Hinweise liefern, welches Geschenk sich im konkreten Fall als das geeignete erweist.
Wenn Sie sich die folgenden Faktoren rund um eine Person einmal bewusst machen, wird Ihnen klar, warum manche Geschenke einfach nicht zu einer bestimmten Person passen – auch wenn Ihnen selbst das Geschenk ganz hervorragend gefällt.
Sie sollten ein Geschenk nicht unbedingt nach den eigenen Kriterien auswählen, sondern die Perspektive wechseln und sich in das Geburtstagskind mit seinen Vorlieben hineinversetzen.

Geschenke-Steckbrief

Familiäre Situation	Single, verheiratet oder fest liiert? Frisch verliebt oder gerade geschieden?
Wohnumfeld	Kleines Apartment für sich allein oder WG in großer Altbauwohnung? Stadtwohnung im Zentrum oder eigenes Haus mit Garten?
Kinder	Keine Kinder? Zurzeit schwanger oder schon Baby an Bord? Kleinkind/er oder Teenager? Kinder schon aus dem Haus?
Beruf	Schichtarbeit mit anstrengenden Arbeitszeiten oder Halbtagsstelle? Verantwortungsvolle Managementtätigkeit oder geregelter Bürojob?
Vorlieben und Hobbies	Sportskanone oder Couch-Potatoe? Theaterbesucher oder Fussballfan? Genießer oder Asket?
Geschmack	»Gelsenkirchener Barock« oder Design-Möbel? Traditionell-konservativ oder flippig-unkonventionell? Praktisch-unkompliziert oder immer trendy gestylt?

Worüber würde sich das Geburtstagskind freuen?
- Ist der teure Designkugelschreiber das ideale Geschenk für die Nichte, die dauernd ihre Schreibgeräte verliert?
- Freut sich der topmodisch orientierte Schwager wirklich über die Krawatte mit Blümchenmuster?
- Kann man mit einer zerbrechlichen Schüssel aus echtem Muranoglas bei der jungen Familie mit zwei lebhaften Kindern wirklich punkten?

Last-Minute-Geschenke

Manchmal muss es ganz schnell gehen. Macht nichts, denn auch Allerweltsgeschenke lassen sich mit wenigen Handgriffen in ein individuelles Geschenk verwandeln. Und eine solche Situation kann schneller kommen, als Sie denken.
Sicher haben Sie auch schon einmal einen Anruf bekommen – so in der Art: »Hallo Sabine, ich möchte heute Abend meinen Geburtstag feiern. Du kommst doch auch? Also dann bis später, ich freue mich …«
Schön, wenn man spontane Freunde hat und auch schön, dass sie ihren Geburtstag mit einem feiern wollen. Oder aber die schriftliche Einladung hat Sie aus irgendwelchen Gründen nicht erreicht – nun trifft Sie der Erinnerungsanruf unvorbereitet und es muss auf die Schnelle noch ein Geschenk her.

Spontan-Geschenke in letzter Minute

Hier die Lösung: ein Last-Minute-Geschenk. Ausgangspunkt für diese schnelle Gratulationsidee sind Geschenke, die Sie überall und zu jeder Jahreszeit bekommen wie Blumen, Nahrungsmittel und Getränke – oder auch ein Buch, quasi als »Basisgeschenk«. Unter einem selbst gewählten Motto können Sie dann das Basisgeschenk mit anderen Gegenständen kombinieren, die ebenfalls leicht zu organisieren sind. Schreiben Sie dann das Motto des Geschenkes auch mit auf die Gratulationskarte.

Last-Minute-Geschenke

Ideen für Last-Minute-Geschenke

Last-Minute-Geschenke	Kombiniert mit ...	Geschenkmotto
Vom Floristen gebundener Strauß mit ausgefallenen Blumen	passendem Blumengefäß	Ein florierendes nächstes Jahr für Dich!
Hausgemachtes Gebäck vom Konditor	dekorativer Schale oder Etagère	Genussgerecht präsentiert!
Champagner	Champagnerverschluss und einer edlen Leinenserviette	Die nächste Feier kommt bestimmt!
Edler Rotwein	zwei schönen Rotweinkelchen	Für den romantischen Abend zu zweit!
Restaurantführer der Stadt	einem Taxigutschein	Die eigene Stadt neu entdecken!
DVD mit einer Komödie	Chips und Erdnüssen	Für den entspannten Fernseh-Feierabend!
Aktueller Autoatlas	Vergrößerungsglas und Taschenlampe	Für stressfreies Autofahren!

Spontane Geschenke überraschen

Es besteht also kein Grund zur Panik, wenn Sie in letzter Minute eingeladen werden. Das Gute an Spontan-Einladungen ist ja, dass das Geburtstagskind in diesem Fall auch kein aufwändiges Präsent erwartet. Mit den Ideen für Last-Minute-Geschenke auf Seite 13 überraschen Sie das Geburtstagskind bestimmt – und beeindrucken es außerdem mit Ihrer Spontaneität.
Die Wirkung der Gratulation ist umso größer, je individueller das Motto und die zugehörigen Präsente an die Vorlieben, Interessen oder Hobbys der beschenkten Person angepasst sind.

Low-Budget-Geschenke

Es gibt viele Gründe, ein Low-Budget-Geschenk in Erwägung zu ziehen: Eine vorübergehende Ebbe in der Kasse, eine Übereinkunft im Familien- oder Freundeskreis, sich nichts »Großes« zu schenken oder die Tatsache, dass man eher locker bekannt als eng befreundet ist. Vielleicht möchte man auch nicht, dass sich der oder die Beschenkte zu teuren Gegengeschenken verpflichtet fühlt. Dennoch soll die Geburtstagsgabe Wertschätzung gegenüber dem Geburtstagskind ausdrücken und einen persönlichen Touch besitzen. Jetzt ist Einfallsreichtum gefragt.
Der folgende Überblick vermittelt Ihnen zahlreiche Anregungen und praktische Tipps, wie Sie aus kostengünstigen Bestandteilen und Alltagsgegenständen ein nettes, nützliches und dabei ganz auf die jeweilige Person zugeschnittenes Geschenk-Arrangement zaubern.
Außerdem eignen sich Geldgeschenke und Gutscheine hervorragend als Last-Minute-Geschenke. Ausführliche Ideen dazu finden Sie auf den Seiten 35 ff. (Geldgeschenke) und 51 ff. (Gutscheine).

Low-Budget-Geschenke

Basisgeschenk	Kombiniert mit …	Geschenkmotto
Tafeln mit edler Schokolade	einer Flasche Fleckenentferner	Falls beim Naschen auf dem Sofa etwas daneben geht!
Pralinen	Jahreskalenderblatt	Für ganz besondere Tage im Jahr!
Kuchen	Wunderkerzen	Wunder gibt es immer wieder
Gummibärchen	einem Teddybär in einer kleiner Holzschachtel	Ein bärig brummiger Gruß!

Basisgeschenk: Süßes

Basisgeschenk	Kombiniert mit …	Geschenkmotto
Flasche Bio-Wein	verschiedenen Sorten Dinkel-Cräcker	Gesund feiern und sich wohl fühlen!
Flasche Multivitaminsaft	einem frischen Pfefferminzstrauß am Flaschenhals	Damit Du fit bleibst am Geburtstag
Trinkschokolade im Paket	Duftteelichter und Gewürznelken	Damit es Dir warm ums Herz wird!
Espressokaffee im Paket	Espressotasse und Cantuccini oder anderem italienischem Gebäck	Gegen Durchhänger im Alltag!

Basisgeschenk: Getränk

Basisgeschenk: Florales

Basisgeschenk	Kombiniert mit …	Geschenkmotto
Strauß aus dem eigenen Garten	einer zur Blumenvase umfunktionierten Teekanne, Henkeltasse oder Sauciere vom Flohmarkt	Nostalgisches für den Frühstückstisch!
Einzelne Sonnenblume	Außenthermometer	Für Dich soll die Sonne scheinen!
Topf mit Balkonpflanze	Gummihandschuhen und eine Tube Handcreme	Für die zartesten Gärtner/innen-Hände der Welt!
Topf mit Salbei oder Rosmarin	Glas mit Pesto und einer Packung italienischer Pasta	Für die italienischen Momente im Leben!
Eine rosafarbene Rose	eine Flasche Rosenlikör in rosa Papier eingewickelt	Die Garantie für rosige Zeiten
Ein Bund Pfefferminze	Erfrischungsspray fürs Gesicht, z. B. als Wasserpistole	Damit Du immer einen kühlen Kopf bewahrst
Kaktus	CD von den Comedian Harmonists mit dem Titel: »Mein kleiner grüner Kaktus«	Einladung zum Frühstück auf dem Balkon mit mir und einem kleinen grünen Kaktus

Selbstgemachtes zum Essen und Trinken

Begeistern Sie das Geburtstagkind mit liebevoll hergestellten und phantasievoll kombinierten Geschenken aus der eigenen Küche. Wenn Obst, Gemüse oder Kräuter aus dem eigenen Garten stammen – um so besser.
Die folgenden Vorschläge sollen Sie dazu inspirieren, auch einmal ungewöhnliche Geschmackskompositionen zu wagen. Dabei sind Ihrer Phantasie natürlich keine Grenzen gesetzt! Genaue Rezepte zur Herstellung mit Mengenangaben finden Sie in Kochbüchern oder in einschlägigen Internetforen.

Für Süßschnäbel – Marmelade mal ganz anders

Konfitüre herzustellen war früher eine (zeit)aufwändige Angelegenheit. Heutzutage ist Gelierzucker erhältlich, mit dem sich im Handumdrehen aus Früchten köstliche Konfitüren zaubern lassen. Die frischen Zutaten müssen in einwandfreiem Zustand und sorgfältig geputzt und gewaschen worden sein. Kombinieren Sie ruhig einmal mit ausgefallenen Zutaten. Wichtig für die Haltbarkeit Ihrer Konfitüre ist, die dafür vorgesehenen Gläser randvoll mit der noch heißen Fruchtmasse zu befüllen und jedes Glas sofort im Anschluss daran fest zu verschließen.

Besondere und vor allem leckere Kombinationen für Marmelade oder Gelee sind beispielsweise:
- Rosenmarmelade aus Rosenblüten mit Puderzucker
- Melonengelee aus Wassermelonen mit Limonen
- Kürbismarmelade mit Zimt, Ingwer, Nelken und Muskatnuss
- Ananasmarmelade mit Ingwer
- Aprikosenkonfitüre mit Melisse

Für Italienliebhaber – Eingelegtes Gemüse

Antipasti auf Vorrat

Eingelegtes Gemüse schmeckt zu vielen Gelegenheiten – als Antipasti oder als Zugabe zu Käse oder Fleisch. Es ist lange haltbar und kann deshalb ruhig als »eiserner« Vorrat eingesetzt werden. Verwenden Sie bei der Zubereitung Einweckgläser mit einem festen Glasdeckelverschluss, die mit einem Gummiring abgedichtet sind. Es gibt sie in den Haushaltsabteilungen der Kaufhäuser für wenig Geld zu kaufen.

Zucchini in Scheiben schneiden, mit Knoblauchzehen und Schalotten und einem Zweig Rosmarin in ein Einmachglas schichten. Essig, Wasser, weiße Pfefferkörner, Koriander, Salz und Zucker aufkochen, bis der Zucker geschmolzen ist. Den heißen Sud über das Gemüse gießen, das Glas verschließen und 24 Stunden ziehen lassen. Am nächsten Tag den Zucchinisud abgießen, erneut aufkochen und wieder über das Gemüse geben. Das Glas verschließen. So verarbeitet ist das eingelegte Gemüse mindestens ein halbes Jahr haltbar. Es lohnt sich also, gleich eine größere Menge an Gemüse zu verarbeiten.

Weitere Kombinationsvorschläge:
- Champignons, Schalotten und Thymian
- Aubergine und Knoblauch
- Grüne, gelbe und rote Paprikaschoten mit Chili
- Gurken mit Dill
- Tomaten und Rosmarin

Auch mal exotisch – Chutneys von süß bis herzhaft

Chutneys sind eigentlich Soßen, kalt und pikant, die aus Indien stammen. Sie werden so lange eingekocht, bis Mus (mit kleinen Stückcken) entsteht. Das Reizvolle an Chutneys ist die Kombination von süß-säuerlichem Aroma mit einer würzigen Schärfe. Wie zum Beispiel bei der folgenden Variante:

Ananas-Chutney
Ananas und Papaya schälen. Früchte halbieren, Ananasstrunk und Papayakerne entfernen. Zwiebeln, Ananas und Papaya in Würfel schneiden. Essig, Zucker und Zitronensaft zum Kochen bringen. Ananas-, Papaya- und Zwiebelwürfel zugeben. Rosinen und Ingwer untermischen. Mit Curry und Cayennepfeffer abschmecken. Bei geringer Hitze ca. 45 Minuten dünsten, bis die Flüssigkeit verdampft ist. Nun die Einmach-Hilfe einstreuen. Dann Chutney in vorbereitete Gläser füllen, gut verschließen.

Weitere Kombinationsvorschläge:
- Scharfe Tomatenkonfitüre mit Chilischoten und Gewürznelken
- Kürbis-Tomaten-Chutney mit Senfgurken und Pfefferkörnern
- Rharbarber-Chutney mit Erdbeeren und Nelken
- Ebereschen-Chutney mit Zwiebeln und Sultaninen

Für Zwiebelliebhaber – Zwiebelchutney
Wie wäre es mit einer Gemüsekonfitüre aus Zwiebeln? Hier ein Vorschlag für ein pikantes Rezept: Die Zwiebeln abziehen, waschen und in feine Streifen schneiden. Zucker in einem Topf karamellisieren. Damit dieser gleichmäßig bräunt, immer wieder umrühren. Zwiebelstreifen dazugeben und mit Grenadine und Weißwein ablöschen. Auf kleiner Flamme zu sirupartiger Konsistenz einkochen. Mit Salz, Pfeffer und Estragon abschmecken.

Für Salatfreaks – Aromatisiertes Öl zu jeder Gelegenheit
Um ein Öl mit einer besonderen Geschmacksnote herzustellen, benötigen Sie je nach Vorliebe eine Flasche Sonnenblumenöl, Olivenöl, Walnussöl oder Sesamöl. Besorgen Sie eine dekorative

Köstliche Salatöle zaubern

Flasche mit Korken und geben Sie einige Zweige der entsprechenden Kräutersorte dazu. Die Kräuter müssen ganz frisch und in einwandfreiem Zustand sein. Dann füllen Sie die Flasche mit dem Öl auf und lassen die Mischung ca. 4 Wochen ziehen.

Auf diese Weise können Sie eine Vielfalt an unterschiedlichen Öl-Spezialitäten herstellen:
- Chiliöl aus Sesamöl und Chilischoten
- Knoblauchöl aus Olivenöl und Knoblauchzehen
- Salbeiöl aus Walnussöl und Salbeiblättern
- Rosmarinöl aus Olivenöl und Rosmarinzweigen
- Thymianöl aus Sonnenblumenöl und Thymianzweigen

Schreiben Sie mit einem Lackstift die Ölsorte auf die Flasche oder binden Sie eine kleine Karte daran, auf der die Sorte geschrieben steht.

Für Cocktailfreunde – Liköre in leckerer Geschmacksvielfalt

Liköre eignen sich prima zur Verfeinerung von Nachspeisen, als Zugabe zu Sekt oder Prosecco oder zum Mixen von Cocktails. Dazu eignet sich eine Glasflasche mit großer Öffnung.

Gut durchgezogen schmeckt's am besten

Für Fruchtlikör nehmen Sie jeweils zu gleichen Teilen Kandiszucker und Früchte (gewaschen, geputzt). Zunächst die Früchte in die Flasche geben, anschließend den Kandiszucker. Mit einer Flasche klarem Schnaps (einfache Qualität genügt) auffüllen. Auf die Fensterbank stellen und ca. 6 bis 8 Wochen durchziehen lassen. Jetzt den Flascheninhalt sieben und in kleinere möglichst dekorative Glasfläschchen umfüllen und mit Korken verschließen. Mit Bast oder farbiger Kordel verzieren, dann entweder die Flasche beschriften oder einen farbigen Geschenkanhänger anbringen – fertig!

Auf diese Weise lassen sich – je nach Jahreszeit – die folgenden Likörspezialitäten herstellen:

- Kirschlikör
- Himbeerlikör
- Pflaumenlikör
- Limettenlikör
- Hagebuttenlikör

Für Sirupfans – Süßes für prickelnde Getränke
Sirup lässt sich einfach herstellen, und Sie brauchen dafür auch nicht allzu viele Zutaten. Hierzu gibt es ein bewährtes Hausrezept für Holundersirup: Man nehme 1 kg Zucker, 2 Liter Wasser, 30 Holunderblütendolden, 3 Zitronen, in Scheiben geschnitten und 40 g Zitronensäure. Zunächst wird der Zucker im Wasser aufgelöst. Anschließend geben Sie die Zitronenscheiben in das Zuckerwasser und fügen die Holunderblüten hinzu. Die Dolden vorher sorgfältig ausschütteln, unter fließendem Wasser abbrausen und trocken schütteln. Die Mischung sollte nun 2 Tage an einem sonnigen Platz ziehen. Dann durchsieben und die Zitronensäure (Konservierung!) hinzufügen. In kleine Glasgefäße umfüllen, luftdicht verschließen und verzieren.

Auch für Kochmuffel – leckere Soßen zu Spaghetti, Ravioli & Co.
Nudelgerichte schmecken immer – und Nudeln kochen kann eigentlich auch jeder. Doch was wären Nudeln ohne eine pikante Soße, die jedem Pastagericht erst das gewisse Etwas verleiht? Damit das leckere Pastagericht besonders schnell auf den Tisch kommt, erfreuen Sie doch das Geburtstagskind mit einem kleinen Sortiment an unterschiedlichen vorgekochten Pastasoßen. Je nach Lebenssituation können Sie die Soße für eine, zwei oder mehrere Personen portionieren. Die erkalteten Soßen füllen Sie am besten in entsprechend dimensionierte Vorratsgläser und verschließen diese luftdicht. Das Geburtstagskind kann dann entweder die Soßen innerhalb einer Woche verbrauchen oder die restlichen Gläser einfrieren – für die nächste Kochgelegenheit,

Ein kleines feines Sortiment an Nudelsoßen

bei der es mal wieder schnell gehen muss. Zum Schluß noch einen Vorschlag für eine schmackhafte Käsesoße, die sich hervorragend als kulinarisches Geschenk eignet.

- **Würzige Käsesoße**
  Eine Zwiebel fein würfeln und in etwas Olivenöl in einer Pfanne erhitzen. Mit Mehl bestäuben und anschwitzen. Die Milch dazugeben und ein paar Minuten bei schwacher Hitze köcheln lassen. Käse – zu gleichen Teilen geriebenen Parmesan und geriebenen Gouda – nach und nach hinzugeben und umrühren, bis der Käse geschmolzen ist.
  Mit Salz, Pfeffer und Muskatnuss abschmecken.

An alles gedacht?

Bevor Sie sich für ein Geschenk entscheiden, zum Abschluss noch einmal die wichtigsten Aspekte auf einen Blick:

- Ist das Geschenk passend zum Geschmack des Geburtstagskindes ausgewählt?
- Ist das Geschenk dem Anlass entsprechend ausgesucht (nicht zu üppig, nicht zu sparsam)?
- Sind bei der Geschenkauswahl die gegenwärtigen Lebensumstände, z. B. die Größe und die Einrichtung von Wohnung oder Haus berücksichtigt?
- Passt das Geschenk zu den Ernährungsgewohnheiten des Geburtstagskindes (Süsses oder lieber Herzhaftes? Alkohol ja oder nein?)
- Wurden ggf. Allergien oder Unverträglichkeiten des Geburtstagskindes berücksichtigt?

Verpackungsideen für Geschenke finden

Die Verpackung dient der angemessenen Inszenierung eines Geschenks. Sie versteckt das Wesentliche und sie erzeugt Vorfreude. Damit erhält auch der einfachste Gegenstand eine persönliche Note und sein besonderes Geheimnis.

Auspacken macht Spaß

Ein verpacktes Geschenk weckt die Neugierde und sorgt nach dem Auspacken für hoffentlich immer positive Überraschungseffekte. Dabei ist das Auspacken als solches nicht nur für das Geburtstagskind eine unterhaltsame Angelegenheit, sondern auch für die Person, die das Geschenk überreicht und natürlich ebenso für alle anderen Geburtstagsgäste.

Klassische Verpackung – einfach verhüllt

Damit die Mühe nicht umsonst ist

Die klassische und allseits beliebte Geschenkverpackung ist die Schachtel oder der Karton. Dies kommt nicht von ungefähr, denn diese Verpackungsart hat viele Vorteile:

Das Geschenk
- lässt sich leicht transportieren
- lässt sich gut verschicken
- vermittelt einen wertigen Eindruck
- ist gegen Transportschäden geschützt
- lässt sich einfach einpacken und verzieren

Also verstauen Sie Ihr Geschenk in einer Schachtel und stopfen Sie Lücken mit Füllmaterial wie Seidenpapier, Holzwolle, Luftpolsterfolie oder Styropor aus. Damit Ihr Geschenk nun ein geburtstagstaugliches optisches Finish erhält, müssen Sie nicht auf teure Schachteln zurückgreifen, die man im Fachgeschäft kaufen kann. Persönlicher und »budgetschonender« wird Ihr Geschenkkarton mit folgenden Ideen:

Ideen für originelle Behältnisse zum Verpacken

Schuhkarton:
   mit dekorativen Tapetenresten verkleiden oder mit einem Stoffrest einschlagen.

Gebrauchter Versandkarton:
   farbig anstreichen z. B. mit Dispersionsfarbe (Achtung: unbedingt lange trocknen lassen).

Pralinenschachtel:
   mit Goldfolie oder Alufolie umwickeln.

Puzzle- oder Spielekarton:
   außen mit dünner Wellpappe verkleiden (gibt es auch farbig).

Teedose, Kaffeedose, Lebkuchendose:
   mit Selbstklebefolie bekleben (gibt es in den unterschiedlichsten Farben und Mustern zu kaufen).

Köfferchen:
   z. B. Kosmetikkoffer, Spielekoffer aus Pappe
   Fotos, die thematisch zum Inhalt passen, aus Zeitschriften ausschneiden und damit den Koffer verzieren.

Zigarrenkästchen aus Holz:
   Die angeklebte Banderole entfernen und Poesiealbumbilder aufkleben.

Geschenkpapier – einmal anders

Selbstverständlich findet man im Handel eine riesige Auswahl an Geschenkpapieren mit den unterschiedlichsten Mustern und Farben. Allerdings kann es so schnell passieren, dass die Verpackung schon einen großen Teil des Geschenkbudgets verschlingt – um nach dem Auspacken lediglich sofort im Altpapier zu landen.
Einfallsreicher sind die folgenden Alternativen. Sie kosten wenig, lassen sich gut verarbeiten und sehen dabei toll aus:
- Seidenpapier
- Transparentpapier
- Papierservietten
- Packpapier
- Backpapier
- Küchenrolle
- Krepppapier
- Klarsichtfolie
- Zeitungen
- Brötchentüten
- Land- oder Straßenkarten
- Kalenderblätter
- Kinoposter
- Blaupausen
- Kinderzeichnungen
- Tortendeckchen aus Papier
- Filz
- Gardinenstoffreste
- Spitzendeckchen
- Tüll
- Alufolie
- Lackfolie
- Bläschenfolie

Umhüllungen – originell dekoriert

Je nachdem, wie schmückend die Umverpackung des Geschenkes ausgefallen ist, erhält sie mit den folgenden Deko-Ideen noch den letzten Schliff. Verwenden Sie doch einmal:
- Efeuranken
- Muscheln
- einzelne Blüten
- Schnürsenkel
- Federn
- Holzperlen
- Schleierkraut
- Lametta
- Glöckchen
- Christbaumschmuck

Dekorativ verschnürt

Es muss nicht immer das klassische Geschenkband sein. Wenn Sie für das Verschließen der Verpackung gerade keine Geschenkbänder und dekorative Kordeln zur Hand haben, dann finden sich in jedem Haushalt originelle Alternativen dazu. Auch andere Materialen eignen sich hervorragend als Geschenkbänder zum Verschnüren. Hier eine kleine Auswahl an Alternativen:
- ein abgelegtes Springseil
- mehrere Schnürsenkel
- ein Stück Wäscheleine
- mehrfarbige Wollreste, bunt kombiniert
- Blumenbast
- Gummiringe aus dem Bürobedarf

Verpacken am laufenden Meter

Komplett verpackt

Materialien auch mal zweckentfremdet

Sayonara
Ein Karton wird in schwarze Lackfolie eingepackt und mit Bast verschnürt. Unter diesen schieben Sie als nette Dekoration mehrere Essstäbchen. Das Ganze ist am Ende die stilvolle Verpackung für einen Wok.

Bauplan
Ein Karton wird ganz ordentlich in eine Blaupause eingewickelt, auf der man einige Details einer technischen Zeichnung sieht. Verschnüren können Sie das Ganze noch mit Elektrodrähten oder -kabeln. Im Paket ist eine elektrische Bohrmaschine.

Unterwegs
Wickeln Sie den Karton in eine Landkarte, verschnüren sie das Ganze mit einer Paketschnur und dekorieren Sie das Paket noch einer Blume. Im Paket befindet sich ein Modellauto, ein Reiseführer oder Kosmetika in Reisegrößen.

Zart
Für dieses duftige Arrangement wird ein Karton in rosa Tüll eingewickelt (mehrfach umschlungen) und mit silbernen Sternen geschmückt. In diesem zarten Geschenkarrangement befinden sich die neuen Ballettschuhe.

Fruchtig
Wenn Sie selbst gemachte Erdbeermarmelade verschenken möchten, dann legen Sie das Glas in eine kleine Schachtel, die Sie mit einigen roten Papierservietten umwickeln. Verschnüren Sie das Päckchen mit einem roten Band oder Wollfaden. Garnieren Sie die Verpackung noch mit roten Holzperlen, roten Luftballons oder ein paar (echten) Erdbeeren.

Je nachdem, ob es zum Geschenk oder zur beschenkten Person passt, kann man das Geschenk auch mit weiterverwertbaren Stoffmaterialien verhüllen (s. Kasten S. 29). Dann hat das Geburtstagskind nach dem Auspacken noch lange Freude daran.

Umverpackungen mit Zusatznutzen

- Geschirrhandtuch
- Staubtuch
- Frotteehandtuch
- Halstuch
- Stofftaschentuch
- Tischdecke
- Stoffserviette

Geschenke hinter Glas

Verhüllt und doch sichtbar präsentiert – das ist das Prinzip der folgenden Ideen. Hier kann man sich beim Arrangieren des Geschenkes richtig austoben, denn das Glas, das in diesem Fall als Umhüllung dient, funktioniert quasi wie eine »Bühne«. Auf ihr wird das Geschenk wirkungsvoll in Szene gesetzt und zwar so, dass alle das Geschenk sehen und bewundern können. Setzen Sie einen ersten richtungsweisenden Akzent mit der Wahl eines geeigneten Glasgefäßes. Jedes wirkt anders und entfaltet seinen ganz eigenen Charme.

Ein echter Hingucker

Experimentieren Sie doch mal mit folgenden Behältnissen:
- Vorratsgläser
- Apothekengläser

- Konservengläser oder Marmeladengläser
- Glasschalen
- Terrarien oder Aquarien
- Blumenvasen aus Glas
- Windlichter

Füllen Sie das Glasbehältnis beispielsweise mit:
- Glasmurmeln
- Vogelsand
- farbigem Dekosand
- Korkpellets
- Roten Linsen oder Schwarzen Bohnen
- Maiskörnern
- Mooskissen
- Blumenerde
- Federn

Dekorationsideen für Geschenke hinter Glas
- Marmeladeglas gefüllt mit weißen Vogelfedern. Dazwischen befindet sich ein Perlenarmband.
- Blumenvase aus Glas, halb gefüllt mit blau eingefärbtem Wasser. Darauf schwimmt ein Qietscheentchen.
- Terrarium, ausgelegt mit Moos und Steinen. Darauf liegt ein Reiseführer über Irland.
- Windlicht, ein Drittel gefüllt mit Vogelsand und einer dekorativen Muschel. Dazwischen ist eine antike Taschenuhr drapiert.
- Apothekenglas, bodenbedeckend gefüllt mit Murmeln. Darauf liegen ein paar Tennisbälle.
- Glasschale, Boden bedeckt mit roten Linsen. Auf ihnen liegt ein Buch über ayurvedische Küche.

Offen inszeniert

Wenn die Art des Geschenkes es erlaubt, können Sie das Geschenk doch ganz offen zeigen – aber dann selbstverständlich effektvoll arrangiert!

Einkaufskorb
ausgelegt mit dekorativen Küchenhandtüchern. Im Korb befinden sich die Zutaten für ein Schlemmer-Picknick mit Champagner, Orangensaft, verschiedenen Pasteten, Weißbrot, Weintrauben und Gebäck.

Offene Behältnisse – immer gern gesehen

Obststiege aus Holz
ausgelegt mit Moos oder Rasenstück (dafür können Sie auch Kunstrasen nehmen). Darauf befindet sich ein Sechserpack neue Golfbälle.

Henkelkorb
ausgelegt mit Seidenpapier oder Stoff, darin befindet sich eine Strickanleitung für einen Pullover oder einen Schal sowie Stricknadeln und die entsprechende Menge Wollknäuel.

Etagere
mit darauf liegendem Kartenspiel und einer Packung Cracker sowie einem Wecker und der Glückwunschkarte.

Brotkorb
ausgelegt mit Muscheln. Darauf eine hochwertige Duftkerze, zwei Badekugeln und eine CD mit Entspannungsmusik.

Nicht vergessen – besonders bei Festen mit vielen Gästen

Geben Sie dem Geburtstagskind die Chance, sich zu bedanken.

Manchmal neigt man dazu, allzu Selbstverständliches zu vergessen. Beispielsweise, die Glückwunschkarte am Geschenk zu befestigen oder diese zu unterschreiben.

Die Minimalvariante – wenn nur noch wenig Zeit zur Verfügung steht – ist ein kleines Schild, auf dem steht: »Für Frank von Maja« oder »Für Omi von Siggi«.

Sonst können die zahlreichen Geschenkpäckchen später nicht mehr zugeordnet werden – und das Geburtstagskind weiß nicht, bei wem es sich für die tolle CD oder das schöne Brettspiel bedanken soll oder wer ihm die lang ersehnten Espressotassen geschenkt hat – das wäre doch wirklich schade.

Der »Verpackungsexpress«

Situationen, wenn die Zeit fürs Verpacken fehlt, gibt es viele: Die Einladung zur Feier erfolgte kurzfristig, das Geschenk wurde erst in letzter Minute besorgt oder man hat die Zeit schlichtweg vertrödelt (»Einpacken kann ich's ja noch morgen«). Und nun gibt es keinen Aufschub mehr: Eine Geschenkverpackung muss her, die optisch überzeugt, ohne das man womöglich noch in einem Schreibwarengeschäft oder Kaufhaus nach entsprechenden »Zutaten« suchen muss. In dieser Situation helfen die folgenden Verpackungsideen mit alltäglichem Haushalts-Krimskrams weiter:

- Das Geschenk in einen Karton legen, diesen rundum in Aluminiumfolie einwickeln, daran die Reste vom Silberlametta von Weihnachten befestigen oder einen Topfschrubber aus Metalldraht – und Sie haben eine »Sinfonie in Silber«.

- Das Geschenk, z. B eine Flasche, in eine weiße Stoffserviette einrollen, um beide Enden der Rolle eine Schleife binden und daran viele weiße Blumen befestigen. So servieren Sie das Geschenk »Ganz in Weiß«.

- Das Geschenk (besonders geeignet sind längliche Geschenke) aufrecht in eine leere Konservendose stellen. Achten Sie aber bitte darauf, dass es an der Dose keine scharfen Kanten gibt. Stellen Sie dann noch ein paar Blumen oder Gräser dazu. So überreichen Sie das »Geschenk im Strauß«.

- Das kleinformatige Geschenk (beispielsweise eine Einladung zum Essen oder eine Eintrittskarte für's Theater) zusammen mit Rosenblättern in eine leere CD-Hülle legen, dazu die Glückwunschkarte – und schon haben Sie eine stimmungsvolle, handliche Geschenkverpackung.

Irreführend – eine Idee für Spaßvögel

Es kommt ja häufig vor, dass das Geburtstagskind einen bestimmten Geschenkwunsch geäußert hat und man diesem Wunsch dann auch gerne entspricht.
Der Vorteil: Das Geschenk kommt garantiert gut an.
Der Nachteil: Der Überraschungseffekt ist dahin.
Wirklich? Nicht, wenn Sie sich den Spaß einer irreführenden Verpackung leisten. Besonders geeignet dafür sind Geschenke, die sich durch die Form bereits »verraten« (z. B. CD, DVD, Buch) oder besonders kleinformatige Präsente (z. B. Schmuck). Lassen Sie sich von den folgenden Ideen zu einer »irreleitenden Geschenkverpackung« inspirieren:

Locken Sie das Geburtstagskind auf die falsche Fährte.

Ganz schön übertrieben
Einen Ring in eine kleine Schachtel legen, diese in eine große Schachtel packen, zusammen mit Kieselsteine, damit es schwer wird. Diese große Schachtel verstauen Sie dann in einem Riesenkarton. Damit ist die Täuschung gelungen.

Ganz schön unternehmungslustig
Verpacken Sie eine CD oder DVD-Riesenbox in einem Koffer vom Speicher. Diesen können Sie nach dem Überreichen des Geschenkes ja auch gleich wieder mitnehmen.

Ganz schön freischwebend
Hängen Sie ein kleinformatiges Geschenk, beispielsweise eine Armbanduhr, freischwebend in einer großen Box auf.

An alles gedacht?

Zur originellen Verpackung von Geschenken hier noch einmal das Wichtigste auf einen Blick:

- Ist die Geschenkverpackung passend zum Geschmack des Geburtstagskindes ausgewählt?
- Ist die Dekoration dem Anlass entsprechend (nicht zu auffällig, nicht zu sparsam)?
- Passen das Geschenk und die Inszenierung zum Humor des Geburtstagskindes?
- Kann das verpackte Geschenk transportiert/verschickt werden, ohne dabei Schaden zu nehmen?
- Hängt an dem Geschenk ein »Absender«, so dass das Geburtstagskind weiß, von wem das Geschenk kommt?

Geldgeschenke witzig inszenieren

Geldgeschenke stehen in dem Ruf, unpersönlich, langweilig und einfallslos zu sein – zu Unrecht, wie dieses Kapitel Ihnen beweisen wird. Vielmehr vermeiden Sie mit Geldgeschenken auf stilvolle Weise überflüssige oder unwillkommene Gaben. Zudem kann sich der Beschenkte durch Ihr Geldgeschenk einen echten Herzenswunsch erfüllen.

Geldgeschenke haben es in sich

Das A und O bei Geldgeschenken besteht darin, die Präsentation des Geldgeschenkes stets individuell auf eine bestimmte Person und Situation abzustimmen. Dazu werden Ihnen in diesem Kapitel zahlreiche ansprechende und originelle Gestaltungsideen vorgestellt. Und keine Sorge: Die handwerkliche Perfektion bei der Umsetzung ist dabei nicht so wichtig. Unverzichtbar ist es hingegen, sich in die betreffende Person hineinzuversetzen und den zu verschenkenden Geldbetrag in eine situationsbezogene, augenzwinkernde, spaßige oder nachdenkliche Idee einzubauen.

Der Verwendungszweck

Wofür ist das Geldgeschenk gedacht?

Einfach irgendeinen Umschlag mit einem Geldschein zu verschenken, ist ziemlich unpersönlich und einfallslos. Der Beschenkte vermutet dann, dass Sie das Geldgeschenk aus reiner Bequemlichkeit gewählt haben, ohne sich Gedanken über ihn oder den Verwendungszweck gemacht zu haben.
Eine persönliche Note erhält ein Geldgeschenk erst dadurch, dass Sie den Verwendungszweck bei der Übergabe (schriftlich oder mündlich) nennen. Damit demonstrieren Sie Wertschätzung für den Beschenkten und zeigen, dass Sie sich Mühe gegeben haben. Je konkreter dabei der Verwendungszweck formuliert wird, desto besser.
Einige Beispiel-Formulierungen:
- »Das ist ein kleiner Beitrag zur Führerscheinprüfung, die Du Dir im Sommer vorgenommen hast.«
- »Du sparst doch auf eine Reise nach Indien. Hier schon mal ein Zuschuss für das Flugticket!«
- »Dies ist für die Leselampe gedacht. Du weißt am besten, welches Modell Dir gefällt.«

- »Damit der neue Gartenzaun schneller Wirklichkeit wird.«
- »Für Dich, damit Du im Frühling Deinen Balkon wieder üppig bepflanzen kannst.«
- »Für ein Paar neue Satteltaschen für Dein Fahrrad.«
- »Für die Aufstockung Deiner DVD-Sammlung.«
- »Für ein nettes Abendessen in Deinem Lieblingsrestaurant.«

Den Geldbetrag angemessen dosieren

Die Idee eines Geldgeschenkes ist für Schenkende verlockend, weil man sich kein Geschenk im herkömmlichen Sinne ausdenken muss.
Trotzdem sollte man sich vorher genau überlegen, ob man wirklich Geld verschenken will und kann. Denn die Höhe des Geldbetrages sollte in einer angemessenen Beziehung zum Verwendungszweck stehen, das kann zweierlei bedeuten:
- Der Beschenkte kann sich mit Ihrem Geldgeschenk einen Wunsch erfüllen.
- Die verschenkte Geldsumme leistet einen erheblichen Beitrag zur Erfüllung des Wunsches.

Beispiele für die Höhe der Geldgeschenke:

- Passend für einen Kinobesuch zu zweit sind 20 Euro.
- Sinnvoll für ein Buch sind 30 Euro.
- Für ein Parfum sind 50 Euro adäquat.
- Angemessen für ein Essen zu zweit in einem gehobenen Restaurant sind 150 Euro.
- Angebracht als Zuschuss zu einer langen Urlaubsreise sind 200 Euro.

Überlegen Sie also, ob Sie auch bereit sind, im konkreten Fall eine entsprechend hohe Geldsumme zu verschenken.
Wenn Sie beispielsweise 20 Euro als Beitrag für ein Essen im Nobelrestaurant schenken, ist das eindeutig zu wenig und bereitet nicht wirklich Freude, denn der Geldbetrag ist dem Anlass nicht angemessen.
Dieser Effekt kann auch auftreten, wenn man die Geldsumme »überdosiert«: Wenn jemand zum Beispiel 100 Euro für einen Kinobesuch geschenkt bekommt, passt das ebenso wenig.

Banknoten und Münzen von ihrer schönsten Seite

So kommen Geldgeschenke richtig gut an.

Sie haben sich für ein Geldgeschenk entschieden. Nun suchen Sie nach einer wirkungsvollen Inszenierung für Ihr Geschenk. Um Geldscheine oder Münzen effektvoll zu verpacken, bieten sich folgende Möglichkeiten an:

Geldscheine können Sie …
- aufeinander stapeln und bündeln. Das sieht z. B. mit zehn Scheinen à fünf Euro schon sehr imposant aus.
- rollen und mit einer Schleife zusammenbinden.
- falten, z. B. in Form einer Ziehharmonika.
- rahmen, z. B. hinter dem Glas eines Bilderrahmens.
- an ein Brett anklemmen, z. B. mit einer Büroklammer oder Wäscheklammer.

Münzen können Sie …
- in eine Holzkiste füllen, so richtig zum Wühlen.
- zu hohen Türmen stapeln, z. B. auf ein Tablett oder einen Spiegel.
- in Eiswürfeln einfrieren und ganz cool auf einem Tablett servieren.

Es versteht sich von selbst, dass man bei der Auswahl der Banknoten oder Münzen auf neue und gut erhaltene Exemplare achtet. Darüber hinaus gibt es noch weitere Aspekte, die wichtig sind, damit das Geldgeschenk auch seinen Wert behält. Banknoten und Geldmünzen sind amtliche Zahlungsmittel und dürfen durch die Aufbereitung als Geldgeschenk keinesfalls beschädigt werden. Andernfalls kann das Geburtstagskind damit nicht mehr bezahlen. Und das wollen Sie ja sicher vermeiden.

So erleidet das Geldgeschenk keinen Wertverlust:

- Keine eingerissenen, stark verschmutzen oder verklebten Banknoten verwenden.
- Banknoten dürfen nicht beschrieben werden.
- Geldscheine dürfen nicht zusammengeklebt werden.
- Wenn Sie Geldscheine falten, dann ganz vorsichtig und nicht zu oft.
- Wenn Sie Münzen im Sand vergraben oder in Wasser versenken, dann kann das bei einer langfristigen Einwirkung die Oberfläche der Münzen verändern. Deshalb bei solchen Inszenierungen die Münzen erst kurz vor dem Überreichen des Geldgeschenkes auf diese Weise präparieren.

Möglichen Beschädigungen vorbeugen

Geldgeschenke originell verpacken

Klassisch
Die einfachste Verpackungsversion ist ein farbenfrohes Kuvert, in das Sie eine Karte und den Geld- bzw. die Geldscheine legen. Besonders effektvoll ist ein großes Kuvert, z. B. DIN-A4-groß.

Dieses können Sie von außen mit großen Buchstaben und mehrfarbiger Schrift (von Hand) beschriften, so dass das Geldgeschenk auch optisch etwas hermacht.

Effektvoll

Die etwas anderen Geldbörsen

Dekorativ ist auch eine Pappschachtel, mit mehreren gebundenen Schleifen umwickelt, an der Sie Blumen und Etiketten mit Glückwünschen befestigen.

Schlicht

Eine einfache Lösung ist ein Metallkästchen, das Sie als Umhüllung für Ihr Geldgeschenk verwenden. Schön sieht dies aus, wenn Sie ein ganz schlichtes Etikett mit einer Widmung/einem Spruch aufkleben, das wirkt elegant.

Kompakt

Originell für ein Geldgeschenk ist ein kleiner Koffer, in den Sie mehrere Lagen Seidenpapier oder Stoff auf den Kofferboden legen. Schichten Sie dann die Geldscheine aufeinander. Oder Sie füllen den Koffer mit Münzen, das wirkt dann wie ein Piratenschatz.

Geheimnisvoll

Besonders geheimnisvoll wirkt Ihr Geldgeschenk, wenn Sie ein antiquarisches bzw. nicht mehr benötigtes Buch als »Verpackung« für die Scheine verwenden. Klappen Sie das Buch im vorderen Drittel der Seiten auf, zeichnen Sie den Umriss der Geldscheine an. Dann schneiden Sie mit einem Papiermesser ca. 10 Seiten tief diesen Umriss aus. So entsteht eine Vertiefung, in die der Geldschein perfekt passt. Klappen Sie das Buch zu, wickeln Sie eine Schleife darum, an der ein kleiner Hinweis auf das Geschenk befestigt ist, z. B. »Bücher machen Freude und bereichern das Leben – besonders auf Seite 53!«

Die passende Gratulation

Die Wirkung von Geldgeschenken lässt sich noch um ein Vielfaches steigern, wenn das Geldgeschenk nicht nur einfallsreich verpackt ist, sondern auch von passenden Glückwünschen – gesprochen oder geschrieben – begleitet wird. Als Anregungen stehen Ihnen zahlreiche Inspirationsquellen zur Verfügung, die den passenden Aufhänger für Ihre Gratulation liefern, wie z. B.:
- Sprichwörter
- Redewendungen
- Kalendersprüche
- Zitate
- Werbeslogans

Besonders witzig kommt eine Gratulation rüber, wenn Sie bekannte Sprüche und Zitate individuell abwandeln.

Auf den folgenden Seiten finden Sie zahlreiche Beispiele, wie Sie Ihre verbalen Fundstücke in eine peppige Geldgeschenkgratulation einbauen und ein Geldgeschenk damit auch wirkungsvoll inszenieren können.

Das treffende Zitat als Einleitung

Suchen Sie hierzu gezielt nach Zitaten zu den Themen Finanzen, Reichtum, Geld und Währungen und kombinieren Sie das passende Zitat mit einer individuellen Botschaft. Ob Sie die Glückwünsche mündlich übermitteln oder sie schriftlich formulieren und zum Geldgeschenk legen, hängt von der jeweiligen Gratulationssituation ab – originell und überraschend kommen sie in jedem Fall beim Beschenkten an.

»Wenig, aber mit Liebe.«
(Homer)

Lieber Valentin,

hier zu Deinem Geburtstag ein minimaler Beitrag für Deinen Urlaub, verbunden mit maximalen Glückwünschen

Herzlichst Heinz und Gabi

»Leben allein genügt nicht, sagte der Schmetterling. Sonnenschein, Freiheit und eine kleine Blume muss man haben.«
(Hans Christian Andersen)

Liebe Lara,

das haben wir uns auch gedacht und gratulieren Dir in Form eines Geldscheins.

Verwende ihn für etwas, was in Deinem Herzen für Sonnenschein sorgt – Du hattest doch einen Wochenendtrip nach Rom ins Auge gefasst, wenn wir uns recht erinnern …

Mit sonnigen Geburtstagsgrüßen

Sabine und Matthias

»Geld ist geprägte Freiheit«
F. M. Dostojewski

Lieber Frederick,

wir waren so frei und haben für Dich »gesammelt«.
Besser gesagt für Dein neues Heimkino-Equipment,
von dem Du uns schon seit Monaten vorschwärmst.
Genieße Deine neue Unabhängigkeit von Kinospielplänen
und Anfangszeiten!

Mit den besten Glückwünschen zum Geburtstag!
Deine Freunde Nick, Armin, Lars und Dirk

»Geld macht nicht glücklich – jedenfalls nicht,
solange es anderen gehört!«
George Bernard Shaw

Liebe Anne,

wie recht er hat! Deswegen möchte ich Dich
an Deinem Geburtstag mit meinem Geschenk
ein bisschen glücklicher machen. Du wolltest Dir
doch schon länger eine passende Kette zu
Deinem neuen Kleid kaufen – und Du weißt viel besser
als ich, welche Deinen Geschmack genau trifft.

Herzliche Glückwünsche zum Geburtstag
Deine Ellen

Lieber Björn,

wir sind gespannt, wie das mit Deiner Motorradtour in Afrika klappen wird. Und wir möchten Dir etwas auf den Weg mitgeben:

»Lieber Kies in der Tasche als Sand im Getriebe.«
Alte Bikerweisheit

Hier etwas Geld für Deine Reise durch die Sahara. Komm gut durch Sand, Geröll und Schotter …

Happy Birthday!
Deine etwas besorgten Eltern

»Das Überflüssige ist eine sehr notwendige Sache.«
Voltaire

Liebe Miriam,

deswegen gib' unser Geldgeschenk bitte bloß nicht für etwas Vernünftiges aus!
Gönne Dir anlässlich Deines Ehrentages ein bisschen Luxus – Parfümerien sollen hierfür nach unseren Informationen eine durchaus viel versprechende Anlaufstelle sein.

Wir gratulieren Dir herzlich zum Geburtstag!
Deine Freundinnen Elke und Moni

Redewendungen einbauen

Zahlreiche Redewendungen rund um Finanzen lassen sich als Stichwort nutzen, um eine witzige Widmung oder einen anerkennenden Kommentar zum Geldgeschenk damit zu verbinden. Dabei haben Sie die Möglichkeit, diese Redewendung beim Überreichen auszusprechen, genauso eignen sich diese Ideen aber auch, um sie auf eine Nachricht zu schreiben, die beim Geldgeschenk liegt. So könnten die Glückwünsche zum Geldgeschenk dann klingen:

Sprüche kreativ umgewandelt

> *Lieber Alex,*
>
> Du weißt es ja sicher: Reden ist Silber, Zahlen ist Gold! Deshalb will ich keine langen Worte machen.
>
> Goldene Grüße zum Geburtstag
> *Dein Golfpartner Ralf*

> *Liebe Corinna,*
>
> Glück, Gesundheit und gute Freunde sind nicht mit Geld zu bezahlen. Für alles andere gibt es unser Geldgeschenk. Mach Dir eine Freude – und kaufe Dir damit doch einfach die seltene Orchideenpflanze, von der Du uns letztens so vorgeschwärmt hast (und deren Namen wir natürlich nicht mehr parat haben).
>
> *Herzliche Glückwünsche – Bettina und Bernd*

Liebe Frau Reifenberger,

natürlich sind Sie nicht mit Gold zu bezahlen!
Wir wagen es aber trotzdem! Nehmen Sie diese Münzen –
die genauso strahlen wir Ihr Lächeln – als Dank für Ihre
unermüdliche Unterstützung.

Alles Gute zum Geburtstag!
Herzlichst Ihre Familie Hofer

Lieber Stefan,

Geldhaushalt erschöpft? Urlaubsfinanzierung auf wackligen Beinen – und das kurz vor dem Geburtstag?
Kein Grund zur Aufregung: Hier kommt die Geschenk-Kur mit Sofort-Wirkung!

Wir gratulieren Dir herzlich zum 21. Geburtstag
Evi und Christian

Liebe Petra,

jeder hat mal eine finanzielle Durststrecke. Hier eine
kleine Erfrischung für unterwegs, wenn Du ab heute Dein
neues Lebensjahr beginnst.

Deine Tante Barbara

Inszenierung von Geldgeschenken

Darüber hinaus gibt es zahlreiche Redensarten zum Thema Finanzen, die eine starke Bildwirkung haben. Diesen Effekt können Sie als Grundidee verwenden, um Ihr Geldgeschenk opulent »in Szene zu setzen« und dann als dreidimensionales Arrangement zu überreichen. Befestigen Sie die Gratulation entweder auf dem Arrangement oder sagen Sie den Spruch ganz locker beim Überreichen – oder beides.
Mit den nachfolgenden Ideen lässt sich dies mit wenig Aufwand bewerkstelligen:

Bühne frei für originelle Geldgeschenke

Eiserne Reserve

Legen Sie die Geldscheine oder Münzen in eine Konservendose. Man kann leere Konservendosen auch richtig verschließen lassen, so dass sie im Fall der Fälle dann mit dem Büchsenöffner aufzumachen sind. Kleben Sie ein Etikett mit den Glückwünschen darauf. Sie könnten lauten:

> *Lieber Andreas,*
>
> du siehst, ich denke heute auch an morgen.
> Zu Deinem Geburtstag hier eine eiserne Reserve für schlechte Zeiten – die ja hoffentlich nie kommen mögen!
>
> Ich wünsche mir, dass Du als passionierter Büchersammler in jedem Fall viel Freude mit Deinem Geschenk haben wirst und gratuliere Dir herzlich zum Geburtstag!
>
> *Dein Tennispartner Michael*

Zum Verheizen viel zu schade

Richtig Kohle
Rollen Sie die Geldscheine auf und umhüllen Sie sie einzeln mit Klarsichtfolie. Dann füllen Sie eine kleine Holzkiste mit Holzkohle. Stecken Sie die gerollten Geldscheine dazwischen. Auf der beiliegenden Karte aus schwarzem Fotokarton steht – mit silbernem oder weißem Stift – geschrieben:

> *Liebe Maren,*
>
> damit Du Dich nicht beklagst, dass das Leben für Studierende einfach zu teuer ist, hier von mir Kohle satt – damit Du Deiner Pferdeleidenschaft wieder frönen kannst.
>
> *Deine Schwester Susi*

Geld wie Sand am Meer
Legen Sie eine kleine Schatulle, in der einige Geldscheine oder Münzen sind, in einen Spielzeugeimer. Füllen Sie sie mit Sand und Muscheln auf und stecken Sie noch einen Spielzeugspaten hinein. Die passende Botschaft dazu lautet:

> *Liebe Alexandra,*
>
> wir erfüllen Dir heute einen Wunsch, den wohl jeder von uns manchmal hat: *Geld wie Sand am Meer.*
> Na, dann buddel jetzt mal schön.
>
> Es gratulieren herzlich zu Deinem 24. Geburtstag
> *Andi und Svenja*

In Geld schwimmen

Nehmen Sie eine kleine blaue Plastikwanne und füllen Sie diese mit Münzen. (Achtung, das wird ab drei Handvoll Münzen schon sehr schwergewichtig!)
Legen Sie eine Schwimmbrille in einer knalligen Farbe dazu. Schneiden Sie einen beigen Karton in Form eines Fisches aus. Auf dem Fisch steht:

Lieber Georg,

jetzt ist es soweit, heute kannst Du mal im Geld schwimmen.
Mein Geschenk ist als Zuschuss zum geplanten Segelurlaub gedacht.
Also dann: Meine herzlichsten Glückwünsche – und schwimm nicht zu weit hinaus ...

Dein Bruder Philipp

Originale oder Blüten?

Rollen oder falten Sie Geldscheine und befestigen Sie diese anschließend an Schaschlikspießen aus Holz. Vorher die Scheine vorsichtig mit Bindfaden umknoten. Stecken Sie die »Geldspieße« dann in einen Blumentopf mit einer üppig blühenden Topfpflanze, am besten so, dass echte Blüten und »Geld-Blüten« dicht aneinander erscheinen.
Beschriften Sie eine Karte dekorativ mit »Blüten für Conny«, spießen Sie die Karte auf und stecken Sie auch diese in den Blumentopf.

An alles gedacht?

Damit Sie nichts übersehen, erhalten Sie zum Abschluss noch einmal eine praktische Übersicht zum Wichtigsten bei Geldgeschenken:

- Ist der Verwendungszweck des Geldgeschenkes erklärt?
- Ist der Geldbetrag dem Zweck angemessen? (Nicht zu gering, das wirkt knickrig und nicht zu üppig, das wirkt großspurig.)
- Sind es neue Geldscheine bzw. neue glänzende Münzen, die Sie verschenken?
- Sind die Geldscheine so verpackt bzw. dekoriert, dass sie unversehrt bleiben?
- Ist das Geldgeschenk transporttauglich, wenn Sie beispielsweise mit dem PKW oder mit öffentlichen Verkehrsmitteln zum Geburtstagsfest fahren?
- Ist die Glückwunschkarte sicher am Geldgeschenk befestigt, so dass sie nicht abfällt, wenn das Geldgeschenk hin und her getragen wird?

Gutscheine effektvoll gestalten

Der Reiz eines Gutschein-Geschenkes liegt in der schier unendlichen Vielfalt der Variations- und Gestaltungsmöglichkeiten. Der Gutschein ist quasi der »Tausendsassa« unter den Geschenkideen – vorausgesetzt, er ist persönlich gestaltet und er wird von Ihnen liebevoll in Szene gesetzt.

Gutscheine verschenken

Gutscheine für jede Gelegenheit

Ein Geschenkgutschein hat enorm viele Vorteile. Je nachdem, wie viel Sie an Zeit oder Geld investieren möchten, eignet sich ein Gutschein auch für »Geschenk-Notsituationen« wie die Last-Minute-Gratulation, das Low-Budget-Geschenk oder einen vergessenen Geburtstag.

Wenn Sie einen Gutschein verschenken wollen, sollten Sie sich zunächst zwei grundsätzliche Frage stellen:
- Verschenken Sie einen Gutschein, den ein bestimmtes Geschäft, eine Ladenkette, ein Restaurant oder ein anderer Anbieter ausstellt, dem Sie dafür einen bestimmen Betrag zahlen?

Oder …
- möchten Sie mit dem Gutschein eine eigene Leistung verschenken, etwas, dass Sie für das Geburtstagskind tun?

Geschenkgutscheine

Darunter versteht man Gutscheine für den Kauf bei einem bestimmten Geschäft oder Dienstleister. Der Erwerb eines solchen Gutscheins ist zunächst einmal problemlos und ohne großen Zeitaufwand zu bewerkstelligen. Das ist sehr bequem – allerdings weiß dies natürlich auch die beschenkte Person.
Um dem Gutschein-Geschenk also einen persönlichen Touch zu verleihen, zeugt es von besonderer Wertschätzung, das Drumherum einfallsreich zu gestalten. Nur so vermitteln Sie dem Geburtstagskind die Aufmerksamkeit, die es verdient.

Wofür ist der Gutschein gedacht?

Lassen Sie die beschenkte Person immer wissen, was Sie mit dem Gutschein bezwecken:
- Warum haben Sie den Gutschein gewählt?
- Was soll sich das Geburtstagskind dafür kaufen/aussuchen?

Warum ein Gutschein und kein »klassisches« Geschenk?

Damit verdeutlichen Sie, dass der Gutschein nicht aus reiner Bequemlichkeit verschenkt wird und dass Sie sich bei der Wahl des Gutscheins durchaus Gedanken über die Interessen, Hobbies oder Wünsche des Geburtstagskindes gemacht haben. Konkret könnten die Glückwünsche wie folgt in Worte gefasst werden:

Formulierungen für Geschenkgutscheine

Sagen bzw. schreiben Sie es so anschaulich wie möglich, damit das Geburtstagskind auch merkt, dass Sie sich ausführlich mit dem Gutscheininhalt beschäftigt haben.

Hier ein paar Beispiele:
- »Du hast doch gesagt, Du möchtest Deine Lieblingsserie auf einmal komplett auf DVD haben. Aber ich habe keine Ahnung, welche Staffel Du schon besitzt. Ich dachte mir, ich gehe mit diesem Gutschein auf Nummer sicher. Nun steht einem gemütlichen Serienabend ja nichts mehr im Wege …«

- »Bei der Wahl Deines Parfüms beweist Du seit Jahren einen sicheren Geschmack. Deine aktuelle Duftnote passt ausgesprochen gut zu Dir. Die Sache hat nur einen Haken: Ich weiß nicht, wie das Parfüm heißt. Deshalb hier mein Gutschein-Geschenk. In der Parfümerie Deines Vertrauens wirst Du auf jeden Fall fündig …«

- »Bei Leseratten wie Dir hat man immer ein Problem: Kennt sie nun den neuen Krimi schon oder nicht? Deine Buchhandlung hat Deinen persönlichen Bestseller garantiert parat – oder bestellt ihn extra für Dich. Dem Gutschein sei Dank! Also nichts wie hin und dann viel Spaß beim Lesen ...«

- »Blumen bekommst Du heute bestimmt genug. Da wollte ich nicht auch noch mit einem Strauß aufkreuzen. Damit auch in ein paar Wochen Dein Esstisch von einem schönen Strauß geschmückt wird, hier mein Gutschein der »Blumeninsel am Markt ...«

- »So langsam werde ich ratlos, was mein Enkel am liebsten anzieht. Aus gut unterrichteten Kreisen wurde mir der Jeansladen am Stadttor genannt, der mit seinem Angebot Deinen Geschmack treffen soll. Also nix wie hin und den Gutschein eingelöst! Und Du führst mir beim nächsten Besuch Deine Neuerwerbung vor, versprochen?«

Dienstleistungsgutscheine

Selbstverständlich sind auch Gutscheine immer gern gesehen, die ein Versprechen beinhalten, irgendetwas für das Geburtstagskind zu tun, um ihm eine Freude zu bereiten. Sei es, dass man verspricht, an fünf Abenden auf den Nachwuchs aufzupassen, damit die Eltern mal ausgehen gehen können, ohne gleich einen Babysitter in Anspruch nehmen zu müssen. Oder dass man verspricht, im Juli und August regelmäßig den Rasen zu mähen oder ähnliches.
Die Voraussetzung dafür, dass Ihr Gutschein-Geschenk auch wirklich Freude bereitet, ist allerdings, dass Sie Ihr Versprechen auch einhalten – denn nichts anderes ist ja Ihr Gutschein. Also

seien Sie bei der Formulierung Ihres Versprechens nicht zu freigiebig und tollkühn.
Überlegen Sie gut, ob Sie wirklich die Zeit und die Mühe aufbringen können (und wollen), die Ihr Gutschein-Geschenk in Aussicht stellt – oder ob vielleicht ein anderes Geschenk besser zu Ihren Lebensumständen passt?
Denn wenn Sie Ihr Gutschein-Versprechen nicht einhalten können, ist das doppelt peinlich. Sie sind dann in den Augen des »Beschenkten«
- jemand, der seine Versprechen nicht hält und
- jemand, der sich mit einem bequemen und kostenlosen Geschenk aus der Affäre gezogen hat.

Nicht gerade schmeichelhafte Eindrücke, die Sie (ob unverschuldet oder nicht) auf diese Weise beim anderen hinterlassen könnten!
Sie sollten sich wirklich sicher sein, welches Versprechen in Gutscheinform Sie auch tatsächlich einhalten können und wollen.

Ideen für Dienstleistungsgutscheine

Womit können Sie anderen eine Freude machen? Es gibt tausend Gelegenheiten, bei denen man andere entlasten und unterstützen kann. Bloß fallen einem diese gerade dann nicht ein, wenn man über einen Geburtstags-Gutschein nachdenkt.
Deshalb lohnt es sich, die potenziellen Geburtstagskinder in ihrem Alltag auch mal unter den folgenden Aspekten zu beobachten, und zwar schon lange vor dem Geburtstag:

Wer gut beobachtet, findet Ideen (fast) wie von selbst.

Wann entsteht in einer Familie immer wieder ein Engpass?
- In der Regel immer dann, wenn alle verreisen und niemand die Blumen gießt oder den Briefkasten leert.

- Wenn sich das Geburtstagskind mal einen Abend ohne Kinder gönnen will. Dann ist Babysitten eine willkommene Gutschein-Idee.
- Wenn fürs Wochenende eingekauft werden soll. Hier löst das Geburtstagskind gerne Ihren Gutschein für Chauffeurdienste ein.

Was kann das Geburtstagskind selbst nicht besonders gut?
- z. B. Stricken – dann ist es eine tolle Idee, einen Gutschein für einen kuscheligen Schal in einer Farbe nach Wahl zu schenken.
- z. B. Backen – dann verschenken Sie einen Gutschein für eine selbstgebackene Torte.
- z. B. Nähen – dann ist vielleicht das Annähen von Knöpfen und das Reparieren von offenen Nähten einen Gutschein wert.
- z. B. Heimwerken – bieten Sie mit Ihrem Gutschein an, die Gartenmöbel zu streichen, die Regalwand auszubauen oder die Fenster zu putzen.

Was macht das Geburtstagskind nicht besonders gern?
- Wenn Sie immer wieder hören, dass es so langweilig ist, das Unkraut im Garten zu jäten, dann spricht dies dafür, einen Gutschein eben dafür zu verschenken.
- Bügeln ist für die meisten Menschen eine lästige Angelegenheit, also eine willkommene Gutscheinidee für Bügel-Muffel.
- Ein blitzendes Auto freut jeden. Verschenken Sie mit Ihrem Gutschein eine gründliche Autowäsche von Hand inklusive einer sorgfältigen Innenreinigung.
- Das Geburtstagkind hat ein neues Handy, aber noch nicht die neuen Adressen programmiert – eine gute Gelegenheit für einen Gutschein.

Gutscheine mit Fantasie

Man kann bei Gutscheinen auf dem Standpunkt stehen: Auf den Inhalt kommt es an. Und man kann sich selbstverständlich für die einfachste Gutscheinvariante entscheiden: Das Blatt Papier, auf dem – sauber geschrieben, klar und verständlich – das Gutscheingeschenk ausformuliert ist. Das ist in Ordnung, aber man kann es auch noch toppen. Hier einige Vorschläge für fantasievoll gestaltete Gutscheine:

Hier ist Einfallsreichtum gefragt

Einmal abreißen bitte!
Sie kennen diese Idee bestimmt von den Schwarzen Brettern in Geschäften, Bibliotheken und anderen öffentlichen Gebäuden. Jemand sucht eine Wohnung oder will seine alte Couch verkaufen oder bietet seine Dienste als Babysitter an. Als Kontaktmöglichkeit ist in der Regel eine Telefonnummer angegeben, die in mehrfacher Ausfertigung in Form von zugeschnittenen Abrissen angeboten wird. Dieses Prinzip lässt sich prima für ein Gutscheingeschenk abwandeln.

Beispielsweise so:
- 5 Gutscheine für Sprudelkästen besorgen
- 3 Gutscheine für Pflanzengießen während des Urlaubs
- 12 Gutscheine für Hemdenbügeln
- 6 Gutscheine für abends noch mit dem Hund spazieren gehen
- 4 Gutscheine für Babysitten

Neues vom Tage
Sie können Ihren Gutschein auch ganz groß aufmachen – in Form einer Zeitung.
Dafür kopieren Sie die Doppelseite einer Tageszeitung auf das Format DIN A3 und falten dieses Blatt anschließend. Besonders effektvoll ist es, wenn Sie die Seiten mit den Kleinanzeigen

wählen. Schreiben Sie den Gutschein auf ein Stück Papier in einer Signalfarbe. Schneiden Sie dann Ihren Gutschein aus und kleben Sie ihn mitten in die Kleinanzeigen. Überreichen Sie die Tageszeitung gefaltet und mit dem Hinweis »Es lohnt sich diesmal, das Kleingedruckte zu lesen«.

Alles Geschmackssache
Warum »bauen« Sie Ihr Gutschein-Geschenk nicht einmal in Form einer Speisekarte zusammen? Nehmen Sie hierzu einen DIN A4-Karton in einer dezenten Farbe (z.B. hellbeige, hellgrau, zartrosa) und knicken Sie den Karton längs in der Mitte. So erhalten Sie ein typisches Speisekartenformat. Die Inhalte des Gutscheins werden jetzt untereinander darauf geschrieben, zum Beispiel so:

Überraschungs-Menü zum 23. Oktober

Vorspeise: *Viele Geburtstagsgrüße an Sven*

Hauptgang: *Ein Rundflug im Helikopter über*
              Frankfurt am Main

Dessert: *Süße Glückwünsche von uns allen*

Laura, Steffen, Marianne, Helga, Georg, Susi und Hans

In würdigem Rahmen
Verschenken Sie »große Kunst« und geben Sie Ihrem Gutschein einen angemessenen Rahmen. Verwenden Sie hierzu einen Papierbogen, mindestens im DIN-A4-Format, und rahmen Sie den Gutschein nach dem Beschriften in einem Bilderrahmen.

Besonders witzig sieht es aus, wenn Sie einen üppig verzierten und »vergoldeten« Rahmen wählen, je auffälliger, desto besser. Nicht vergessen: Auf der Rückseite eine Vorrichtung zum Aufhängen anbringen und einen passenden Nagel mitverschenken!

Ausweiskontrolle bitte!
Ein Geschenkgutschein ist eine sehr persönliche Angelegenheit. Grund genug, dem Gutschein einen amtlichen Touch zu verleihen. Verwenden Sie hierfür eine (abgelaufene) Monatskarte der städtischen Verkehrsbetriebe. Diese Idee eignet sich dann besonders gut, wenn die Monatskarte ein Feld für ein Foto besitzt. Vergrößern Sie die Monatskarte mittels Kopierer oder Scanner auf DIN-A5-Format, kleben Sie ein Foto – es darf ruhig ein alberner Schnappschuss sein – auf das dafür vorgesehene Feld und bringen Sie außerdem folgenden Text an:

> »Hiermit wird amtlich bestätigt, dass Maren Baumeister von Peter Laubheimer einen Gutschein für eine Wanderung – nicht unter 5 km – erhält.«

Zum Schluss kleben Sie das Blatt auf einen Karton und lassen es anschließend in einem Copy-Shop laminieren.
Oder Sie vergrößern die Monatskarte auf Postkartenformat. In dieser Größe finden Sie auch vorgefertigte, transparente Ausweishüllen, in denen Sie Ihren Gutschein überreichen können. Eine weitere Variante: Lochen Sie den Gutschein und bringen Sie ihn an einem Lanyard (Schlüsselband) an, das dann um den Hals getragen wird.

Es war einmal …
Sie können einen Gutschein auch als Märchenbuch gestalten. Nehmen Sie ein Notizbuch mit ca. 12 Seiten (unliniert und unkariert), die Sie einzeln beschriften und auch mit Ornamenten verzieren. Toll sieht es aus, wenn Sie nostalgische Albumbilder

Brüder Grimm und Co. als Ideenlieferanten

und gepresste Blumen einkleben. Und ruhig auch noch etwas Goldglitter aufbringen, schließlich soll es ja so märchenhaft wie möglich wirken!
Den Gutschein formulieren Sie beispielsweise so:

Märchengutschein

1. Seite:
Es war einmal eine wunderschöne Prinzessin in der Mörfelder Straße 120.

2. Seite:
Die hatte einen schönen kleinen Garten im Hinterhof mit vielen Gräsern und Blumen und Schmetterlingen.

3. Seite:
Und sie wünschte sich so sehr einen kleinen praktischen Grill, damit sie die Prinzessinnen aus den Nachbargärten ab und zu zum Essen einladen könnte.

4. Seite:
Die Prinzessin überlegte: Ja, wenn einmal eine Fee zu mir kommt und mich fragt, was ich mir wünsche, dann verrate ich ihr meinen Wunsch nach einem kleinen praktischen Gartengrill.

5. Seite:
Uns sie wartete und wartete.

6. Seite:
Doch leider kam nie eine Fee vorbei.

7. Seite:
Was die wunderschöne Prinzessin aber nicht wusste – die Hofdamen und Kavaliere an ihrem Königlichen Hof in der Mörfelder Straße 120 hatten ihren Wunsch sehr wohl bemerkt.

8. Seite:
Und die Hofdamen und Kavaliere zogen hinaus in die Welt und sie sangen und tanzten. Und so bekamen sie genügend Geld für einen Gartengrill zusammen.

9. Seite:
Und hier ist das offizielle Dokument: Gutschein für einen Gartengrill – einzig und allein für die wunderschöne Prinzessin Elisabeth aus der Mörfelder Straße 120.

10. Seite:
Was wir aus diesem Märchen lernen können? Auf das Erscheinen einer Fee kann man sich nicht verlassen – wohl aber auf die Freundinnen und Freunde an einem Königlichen Hof.

12. Seite:
Und in vielen vielen Jahren wird man sagen: Und wenn sie nicht gestorben sind, dann grillen sie noch heute.

Dieser Gutschein in Märchenform lässt sich selbstverständlich auch für attraktive Prinzen ausarbeiten, die dann einen Gutschein für Inlineskates, für ein Paar Hanteln oder für ein Zelt bekommen.

Gruß aus der Steinzeit

Wählen Sie für diese Gutschein-Idee einen gleichmäßig geformten flachen Kiesel. Diesen beschriften Sie mit einem Lackstift. Der Gutschein eignet sich z. B. hervorragend dafür, eine Radtour um den See oder einen Ausflug in die Alpen zu verschenken. Der beschriftete Stein ist ein Handschmeichler und erinnert das Geburtstagskind noch lange an Sie.

Flaschenpost

Gutscheine für Romantiker

Warum nicht einmal der wunderbar altmodischen Flaschenpost zu neuen Ehren verhelfen? Schreiben Sie den Gutscheintext auf ein wellenförmig ausgeschnittenes Papier, rollen Sie es anschließend und stecken Sie es in eine Flasche mit Korken. Bei der Flasche sollten Sie darauf achten, dass der Hals der Flasche nicht zu eng ist, so dass der Gutschein auch leicht herauszuziehen ist. Wenn das Geburtstagsfest in einem Garten mit einem kleinen Teich stattfindet, können Sie die Flaschenpost auch richtig schwimmen lassen. Allerdings sollte dann sicherheitshalber eine Schnur um die Fasche befestigt sein – schließlich soll das Geburtstagskind den Gutschein in jedem Fall auch aus dem Wasser ziehen können.

Glück im Spiel

Wenn Sie ein unvollständiges Kartenspiel besitzen, dann lässt sich dieses leicht in ein originelles Gutscheinarrangement umfunktionieren. Schreiben Sie den Gutscheintext auf eine farbige Karte und schneiden Sie die Karte genau auf das Spielkartenformat zu. Dann lochen Sie Gutscheinkarte und Spielkarten an einer Ecke mit einem Bürolocher. Es empfiehlt sich, für einen Gutschein insgesamt zwischen fünf und acht Karten zu verwenden. Fügen Sie die Karten und den Gutschein mit einer Postbeutelklammer zusammen und drehen Sie alles zu einem Fächer auf. Den fertigen Gutschein können Sie dann beispielsweise mit folgenden Worten überreichen: »Schau mal, wenn Du Glück im Spiel hast, dann findest Du hier was ganz Besonderes«.

Einfach spitzenmäßig

Schön nostalgisch kommt Ihre Gutscheinidee rüber, wenn Sie sie von Hand auf ein Spitzendeckchen aus Papier schreiben. Dieser Gutschein passt gut zu einer »Konfektverkostung« in der Confiserie oder für die Aufführung eines klassischen Balletts.
Legen Sie den Gutschein zusammengefaltet auf ein schlichtes Silbertablett oder einen weißen Porzellanteller. Dann servieren Sie den Gutschein, am besten in weißen Handschuhen und mit einer knappen Verbeugung.

Passt schon!

Vielleicht möchten Sie nicht nur einen Gutschein verschenken, sondern dem Geburtstagskind zuvor noch etwas Arbeit bereiten. Dann ist die folgende Idee die richtige für Sie.
Verwandeln Sie Ihrem Gutschein in ein Gutschein-Puzzle. Und das geht so: Wenn Sie den Gutschein beschriftet haben, kleben Sie ihn auf eine starke farbige Pappe. Dann zerschneiden Sie das Ganze in möglichst viele Kleinteile. Zum Schluss füllen Sie alle Puzzlestücke ungeordnet in eine dekorative Schachtel.
Auf der Schachtel steht:

Das Ganze ist mehr als die Summe seiner Teile.

> »Geburtstagspuzzle – geeignet für
> Kinder ab 8 Jahren«

An alles gedacht?

Bevor Sie den Gutschein fertigstellen, hier zum Abschluss noch einmal das Wichtigste auf einem Blick:

- Ist der Verwendungszweck des Gutscheins klar und unmissverständlich formuliert?
- Ist – bei einem Geschenkgutschein – genau beschrieben, wo der Gutschein eingelöst werden kann?
- Ist die zeitliche Dauer bzw. das »Haltbarkeitsdatum« des Gutscheins erwähnt?
- Ist der Bezug zum Geburtstagkind klar ersichtlich?
- Haben – bei Gemeinschaftsgutscheinen – alle Beteiligten unterschrieben?
- Ist sichergestellt, dass das »Gutschein-Versprechen« auch in naher Zukunft eingehalten werden kann?
- Übersteht der Gutschein Transport oder Versand unbeschadet?

Schriftliche Glückwünsche wertschätzend übermitteln

Eine nette, schriftliche Gratulation weiß man zu schätzen. Schließlich kann man nicht jedem Geburtstagskind persönlich gratulieren. Ob man sich für eine elegante Karte entscheidet, die Glückwünsche aufwändig in Szene setzt oder eine E-Mail verschickt, hängt von den jeweiligen Begleitumständen und der Beziehung zu der betreffenden Person ab. Die Hauptsache ist, man tut es überhaupt. Denn schließlich will man einem geschätzten Mitmenschen eine Freude bereiten.

Glückwünsche von A nach B

Elektronischer Versand oder klassischer Postweg?

Es gibt grundsätzlich zwei Wege, wie man seine schriftliche Gratulation übermitteln kann: Auf dem herkömmlichen Postweg oder als E-Mail bzw. SMS. Eine SMS besitzt von allen Möglichkeiten den geringsten Gestaltungsspielraum. Sie sollte nur dann zum Einsatz kommen, wenn Sie sicher sein können, dass das Geburtstagskind die SMS-Gratulation nicht als geringschätzig betrachtet. Die folgende Zusammenstellung gibt Ihnen einen kurzen Überblick über Vorteile und Nachteile klassischer und elektronischer Übermittlung. Dies erleichtert es Ihnen, sich je nach Situation für den passenden Weg zu entscheiden.

Wege der Übermittlung

Schriftliche Gratulation: Karte oder Brief

Vorteile	Nachteile
Hierbei haben Sie einen fast unbegrenzten Gestaltungsspielraum.	Bei dieser Gratulation sind Sie termingebunden (Postweg berechnen!)
Damit erzielen Sie eine wertschätzende Wirkung.	Diese Gratulation braucht Vorlaufzeit.
	Sie erleben die Reaktion des Geburtstagskindes nicht mit.

Schriftliche Gratulation: E-Mail

Vorteile	Nachteile
Diese Art der Gratulation ist zeitgemäß.	Wenn Sie Bilder und Videos verschicken wollen, setzt dies eine entsprechenden Software und bestimmte Kenntnisse voraus.
Die technischen Möglichkeiten bieten einen hohen Gestaltungsspielraum.	
Die E-Mail-Gratulation kann direkt am Geburtstag verschickt werden – es gibt keine Versandzeiten.	Es besteht immer das Risiko, dass Dateiformate vom Empfänger/in nicht gelesen werden können.
Die Gratulation lässt sich gut vorbereiten.	Die Empfänger/in könnte die Mail versehentlich löschen (Spamverdacht).
Die E-Mail ist bis zum Schluss noch veränderbar.	

Die folgenden Beispiele werden Ihnen veranschaulichen, was gemeint ist.
Wenn es beispielsweise um Glückwünsche für die betagte Tante geht, ist der traditionelle Weg mit Brief oder Karte die erste Wahl. Der Neffe im Teenie-Alter allerdings wird sich eher über eine E-Mail oder eine SMS freuen, weil er ausschließlich über elektronische Medien kommuniziert und ihn die Glückwünsche dann garantiert auch direkt erreichen.
Sie sehen also, bei der Wahl des Gratulationsweges gibt es im

Vorfeld einige Aspekte zu beachten und Dinge zu planen, damit die gewünschte Wirkung erzielt wird – und sich Ihr Aufwand dennoch in Grenzen hält.

Mit Einfallsreichtum, mit Liebe, mit Witz und Humor oder auch mit einem Augenzwinkern wird es Ihnen gelingen, die Ideen in diesem Buch an die jeweilige Situation anzupassen.

Informationen aus dem Internet

Surfen lohnt sich: Nützliche Infos aus dem Netz

Eine Fülle an Inspirationen und Informationen finden Sie im Internet. Ob Sie sich über die aktuellen Portokosten informieren möchten, die korrekte Postleitzahl brauchen, die genauen Daten eines bestimmten Sternzeichens benötigen oder ein treffendes Zitat suchen – hier werden Sie garantiert fündig!

Nutzen Sie auch die vielen kostenfreien Dienstleistungen und Angebote (auch die von gewerblichen Anbietern), wie beispielsweise den kostenfreien Download von Schriften. Dies gilt auch für viele Angebote mit Clip-Arts oder Fotos.

Damit es keine bösen Überraschungen gibt, achten Sie darauf, dass Ihnen durch die Nutzung des Angebotes auch wirklich keine Kosten entstehen. Vorsicht ist ebenso geboten, wenn Sie nicht auf direktem Weg an die gewünschten Infos kommen und sich zum Beispiel per Kennwort einloggen müssen. Verzichten Sie im Zweifelsfall lieber darauf und organisieren Sie sich die Informationen auf anderem Wege.

Stilvoll schriftlich gratulieren

Dem Geburtstagskind persönlich zu gratulieren und den Geburtstag zusammen gemeinsam zu feiern, macht natürlich am meisten Spaß. Aber nicht immer lässt sich dies auch realisieren. Dann greift man auf die schriftliche Gratulation zurück. Fix und fertig getextete Geburtstagskarten sind zwar praktisch, aber besondere Wertschätzung drücken sie nicht aus.
Für alle, die sich gegen einfallslose Glückwünsche »von der Stange entscheiden«, sind die folgenden Gratulationsideen gedacht: Schreibwarengeschäfte bieten neben einem breiten Sortiment an Papieren, Kartonagen und Bastelzubehör auch hochwertige Kuverts an, wenn Sie Ihre Gratulationen in Karten- oder Briefform überreichen oder verschicken wollen.

Statt Karten von der Stange lieber Glückwünsche nach Maß

Glückwünsche in besonderem Format

Statt Glückwunschkarten im Standardformat zu versenden, experimentieren Sie doch einmal mit Sonderformaten oder Übergrößen:
- Runde Karten
- Quadratische Karten
- Karten schmal wie ein Lesezeichen
- Karten im DIN A4-Format
- Gerollte Karten
- Karten im Zick-Zack-Falz als Leporello

Dabei sollten Sie vor dem Versand sicherheitshalber die richtige Frankierung erfragen.

Veredelungsmöglichkeiten

Mit unterschiedlichen Papiersorten experimentieren

Papiere in Pastellfarben wirken edel. Auch Transparentpapiere und Büttenpapiere wirken ausgesprochen hochwertig. Im Fachhandel findet man eine große Auswahl an Papieren, die sich mit dem Drucker bedrucken lassen.

Wenn Sie sich für einfacheres Papier entscheiden, können Sie Ihrer schrifllichen Gratulation einen edlen Touch verleihen, wenn Sie die glatten Ränder mit einer speziellen Schere in ein Wellen- oder Zickzack-Muster schneiden – oder einfach Streifen abreißen, damit das Blatt einen büttenähnlichen Charakter erhält. Wählen Sie das Papier nicht zu dünn. Je stärker der Papierbogen, desto größer der Effekt.

Gekonnt beschriften

Mit dem Computer lassen sich Karten oder Briefbögen mit wenig Aufwand bedrucken. Nehmen Sie sich dennoch ein paar Minuten Zeit und suchen Sie eine passende Schrift für Ihre Glückwünsche aus. Für alle Schriften gilt: Schriftgröße nicht zu klein wählen. Und: Auch wenn der Glückwunsch am Computer geschrieben wurde – unterschreiben Sie auf jeden Fall mit der Hand.

Unterstreichen Sie den Charakter Ihrer Gratulation durch die Auswahl einer passenden Schrift. Das wirkt individuell und vermittelt eine hohe Wertschätzung – schließlich soll Ihre Gratulation ja nicht aussehen wie ein üblicher Geschäftsbrief.

Probieren Sie den von Ihnen formulierten Text in unterschiedlichen Schriften aus, und Sie werden merken, dass der Text jedes Mal anders wirkt, obwohl sich am Wortlaut nichts geändert hat. Was die optische Wirkung von Schriften angeht, kann man zwischen den folgenden Grundausrichtungen unterscheiden:

Sachliche Schriften

Gerade und klare Schriften wirken eher zurückhaltend und werden deshalb in der Regel für geschäftliche und berufliche Belange verwendet. Sie wirken seriös und elegant und sind gut lesbar. Wählen Sie für Ihre schriftlichen Glückwünsche jeweils die kursive Version. Dies lockert den nüchternen Charakter auf und lässt die Gratulation persönlicher wirken.

Geschwungene Schriften

Noch persönlicher wirkt die schriftliche Gratulation, wenn Sie eine Schrift verwenden, die sich in der Optik an Handschriften anlehnt.
Denken Sie jedoch daran, diese Schriften in einer angemessenen Größe auf das Papier zu bringen, damit sie für das Geburtstagskind gut lesbar bleiben – besonders Brillenträger und ältere Menschen werden es Ihnen danken.

Ornamentale Schriften

Bei dieser Gruppe an Schriften können Sie Ihrer kreativen Ader freien Lauf lassen. Experimentieren Sie einfach einmal mit verschiedenen Varianten und lassen Sie die Ergebnisse auf sich wirken.

Handschriftliche Glückwünsche

Wenn Sie eine schöne Handschrift haben, ist es natürlich noch persönlicher, die Grüße per Hand zu Papier zu bringen. Greifen Sie anstelle von Kugelschreiber doch mal zum Füller (es gibt Tinten in vielen Farben, es muss ja nicht immer blau oder schwarz sein). Silber- und Goldstifte wirken auch ausgesprochen dekorativ. Am besten, Sie decken sich in der Vorweihnachtszeit damit ein!

Fällt garantiert auf: von Hand beschriftet

Fachgeschäfte für Künstler- und Bastelbedarf sind eine wahre Fundgrube für alle, die nach ausgefallenen Materialien, Farben und Stiften suchen. Tipps von den Fachleuten gibt's gratis dazu.

Mit einer kontrastreichen Kombination aus Papier und Schriftfarbe erzielen Sie eine zusätzliche dekorative Wirkung:

- Dunkelrote Tinte auf zartrosa Papier
- Silberstift auf transparent-weißem Papier
- Goldstift auf orangefarbenem Papier
- Dunkelgrüne Tinte auf hellgrünem Papier
- Weißer Lackstift auf schwarzem Papier

Mit ausgefallenen Kuverts überraschen

Kuverts genau passend zum Glückwunsch

Aus demselben Papier, das Sie mit den Glückwünschen beschreiben, lässt sich mit wenigen Handgriffen ein quadratisches Kuvert falten. So harmonieren Karte bzw. Brief und Umschlag ideal miteinander. Bitte beachten Sie dabei, dass quadratische Kuverts nicht mehr dem Standard-Briefformat entsprechen und deswegen höher frankiert werden müssen. Eine besondere Lösung, die zu allen Papiersorten passt, sind transparente Umschläge. Diese gibt es übrigens auch in unterschiedlichen Farbtönen.
Oder Sie überraschen das Geburtstagskind mit einem selbst hergestellten Kuvert aus einem nicht alltäglichen Material.
Um ein verlässliches »Schnittmuster« zu bekommen, brauchen Sie nur einen herkömmlichen Briefumschlag aufzutrennen und schon haben Sie den genauen Zuschnitt. Nach diesem Muster falzen Sie nun das Papier, aus dem Sie den Briefumschlag herstellen möchten, und kleben dann das Kuvert zusammen. Nun noch den Adressaufkleber sicher mit Klebestift oder Klebepads anbringen – fertig!

Die folgenden Materialien eignen sich für besonders ausgefallene Kuverts:
- Geschenkpapier
- Landkarten
- Wellpappe
- Millimeterpapier
- Zeitungspapier
- Titelblatt einer Zeitschrift
- Packpapier
- Alufolie
- dünner Filz
- Stoffreste
- Bananenblatt
- Packpapier
- Fotos
- Fensterleder
- Tortenspitze
- Luftpolsterfolie

Glückwünsche mit originellen Zitaten

Nutzen Sie Zitate, Redewendungen oder Sprichwörter als Anknüpfungspunkt für eine wertschätzende schriftliche Gratulation. Am besten, Sie sammeln das ganze Jahr über Sprüche aus Zeitschriften, Büchern, Postkarten oder Kalendern und legen sich so Ihre »Gratulations-Lose-Blatt-Sammlung« an. Das spart im entscheidenden Moment viel Zeit. Sie können immer auf einen Fundus an Formulierungsideen zurückgreifen und den Spruch auswählen, der am besten zu der Person passt, der Sie gratulieren wollen. Allerdings sollten Sie nicht wahllos Sprüche horten.

Am besten geeignet sind Zitate und Redewendungen zu folgenden Themenbereichen:

- Vergangenheit, Gegenwart, Zukunft
- Frühling, Sommer, Herbst und Winter
- Geburt, Kindheit, Jugend, Alter
- Zufriedenheit und Glück
- Gesundheit und Wellness
- Besuch, Gastfreundschaft
- Feste feiern, Essen und Trinken

Auf den kommenden vier Seiten finden Sie einige Formulierungsbeispiele, die veranschaulichen, wie sich Sprichwörter, Zitate und Redewendungen in eine Gratulation einbauen lassen.

Lieber Christoph,

weißt du, worin der Spaß des Lebens liegt?
Sei lustig. Geht es nicht, so sei vergnügt.

Der alte Goethe hat es mit diesen Worten auf den Punkt gebracht – und wir finden, er hatte absolut recht. Deshalb wünschen wir Dir für das kommende Lebensjahr:

- vergnügliche Urlaubsreisen,
- unterhaltsame Feste
- lustige Freunde
- und gut gelaunte Nachbarn.

Wir gratulieren herzlich zum Geburtstag!
Heike, Birgit und Ingo

Liebe Sandra,

wir gratulieren Dir ganz herzlich zu Deinem Geburtstag und schließen uns mit unseren Glückwünschen einem berühmten Komiker an, der einmal sinngemäß gesagt hat, dass Schönheit, Reichtum und Ruhm völlig bedeutungslos seien. Vielmehr käme es darauf an, dass man gut aussieht, jede Menge Geld hat und dass alle einen kennen.
Dem können wir nur beipflichten!
Auf dass Deine Wünsche – wie immer sie auch lauten – im neuen Lebensjahr in Erfüllung gehen – und dass Dein Examen prima laufen wird!

Es grüßen Dich
Heiko, Stefanie, Britta und Ralf

Nicht nur Ordnung, Feiern ist das halbe Leben!

Lieber Olaf,
nimm Dir dies an Deinem heutigen Geburtstag zu Herzen und mach' mal so richtig einen drauf. Leider kann ich bei Deinem Fest nicht mit von der Partie sein –
was Dich aber nicht davon abhalten soll, Dich gebührend feiern zu lassen (und auch mal auf die daraus resultierende Unordnung zu pfeifen.)

Die allerherzlichsten Wünsche für das neue Lebensjahr, ein rauschendes Fest und viel Spaß mit Deinen Gästen
Robert

Lieber Thorsten (– oder darf ich Dich ab heute »altes Haus« nennen?),

auch wenn Du heute Deinen 42. Geburtstag feierst, sei Dir bewusst, es ist nicht so schlimm, wie Du vielleicht denkst. Nimm Dir den Ausspruch Walt Disneys zu Herzen, der einmal gesagt haben soll:
»Man ist jung, solange man den Kaugummi aus seinen Zähnen entfernen kann«.

Zum aktuellen Selbsttest anbei ein Päckchen Deiner Lieblingssorte.

Herzlichen Glückwunsch von Deinem alten Freund *Uli*

Herzlichen Glückwunsch, liebe Silvia!

Was ich Dir immer mal sagen wollte – und jetzt einfach schreibe …
»Humor ist das Salz des Lebens, und wer gut gesalzen ist, bleibt lange frisch.«

Das ist ein altes – und wie ich finde – äußerst weises Sprichwort. Und es passt besonders gut auf Dich. Denn mit Deinem liebenswerten Humor gewinnst Du allem etwas Positives ab – und dafür lieben wir Dich.
Bleib also noch lange attraktiv und aktiv!

Deine Freundin *Katrin*

»Nichts in der Welt wirkt so ansteckend
wie Lachen und gute Laune.«
Charles Dickens

Lieber Lars,

an Deinem heutigen Ehrentag wünschen wir Dir, dass Du auch im neuen Lebensjahr Deine positive Lebenseinstellung behältst. Wärst Du ein Zeitgenosse von Charles Dickens gewesen, hätte er mit seinem Ausspruch eigentlich nur Dich meinen können.
Wir freuen uns schon jetzt auf das Wiedersehen mit Dir beim Tennisturnier!

Happy Birthday und ein fröhliches Fest wünschen Dir
Simone und Klaus

Blumig formuliert

Natürlich können Sie einen Blumenstrauß nicht im Kuvert verschicken. Dennoch können Sie das Geburtstagskind mit Blumen erfreuen und Ihrer Gratulation eine bestimmte Bedeutung zuordnen – unter Einsatz der Blumensprache. Denn viele Blumensorten haben eine »geheime« Bedeutung.
Allgemein bekannt ist, dass die Rose – besonders in der Farbe rot – die Liebe symbolisiert. Die Bedeutung anderer Blumensorten ist weit weniger bekannt. Diesen Umstand können Sie sich für Ihre Gratulation zunutze machen und ein kleines Spiel daraus zaubern: Einen Gratulationsbrief, der – ohne Worte – mit der »Sprache der Blumen« spricht.

Die Blumensprache und ihre Bedeutung

Verschicken Sie Ihre Blumen als Abbildung oder in gepresster Form. Dazu nehmen Sie eine Karte. Auf der Vorderseite gratulieren Sie, auf der Rückseite erklärt eine Übersicht dem Geburtstagskind die Sprache der Blumen.

Die Gratulation kann zum Beispiel so lauten:

> *Lieber Max,*
>
> alles Liebe und Gute zum Geburtstag wünsche ich Dir mit dieser Malve.
>
> Und wenn Du wissen willst,
> was ich Dir damit sagen will –
> dreh einfach mal die Karte um!
>
> *Deine Nora*

> *Liebe Caro,*
>
> ich bin sicher, auch an Deinem heutigen Geburtstag siehst Du bestimmt wieder aus wie das blühenden Leben.
>
> Deshalb für Dich hier eine Auswahl an wunderschönen Blüten – und wenn Du wissen willst, was diese Blumen Dir erzählen wollen, dann schau doch mal in die »Sprache der Blumen« auf der Rückseite nach.
>
> *Biggi*

Die Sprache der Blumen

Eine Auswahl an Blumen und ihre jeweilige Bedeutung

Alpenrose	*Wann sehen wir uns wieder?*
Edelweiß	*Du bist wunderschön!*
Enzian	*Deine Schönheit ist überwältigend!*
Gänseblümchen	*Demut adelt!*
Gladiole	*Sei nicht so stolz!*
Gerbera	*Durch Dich wird alles schöner!*
Heidekraut	*Ich liebe die Einsamkeit!*
Jasmin	*Du bist bezaubernd!*
Kornblume	*Ich gebe die Hoffnung nicht auf!*
Krokus	*Ich brauche Bedenkzeit!*
Lavendel	*Ich werde mein Ziel bestimmt erreichen!*
Malve	*Ich schätze Dich als meinen besten Freund!*
Petunie	*Verzage nie!*
Vergissmeinnicht	*Vergiss mich nicht!*

Gratulationen mit Extra-Zugabe

Zusätzlich können Sie Ihrer Karte oder Ihrem Briefbogen kleine und eher flache Gegenstände beilegen und damit Ihre »Botschaft« auf humorvolle Weise unterstreichen. In einem gepolsterten Kuvert lässt sich die Gratulation mit Zugabe gut verschicken. Hier einige Vorschläge:

Das Plus an Fantasie

Mit Gummibärchen

Lieber Tom,

wir hoffen, dass Du trotz Prüfungsstress noch Gelegenheit findest, Deinen Geburtstag zu feiern. Damit Dich nicht die Kräfte verlassen, hier unser Snack für zwischendurch – macht bärenstark. Garantiert!

Happy Birthday! *Charlotte und Vicky*

Mit einem Päckchen Brausepulver

Hallo Katrin,
wir gratulieren Dir heute besonders überschäumend und wünschen Dir, dass Deine beruflichen Vorhaben im kommenden Jahr erfolgreich sind. Damit es bei aller Arbeit nicht zu langweilig wird, jede Menge prickelnde Erlebnisse (Du weißt schon, an wen wir da denken ...)

Mia und Lulu

Mit einer Wunderkerze

Liebe Ariane,
Wunder dauern zwar immer etwas länger, aber vielleicht hilft ja die beiliegende Wunderkerze, Dir einige davon ins kommende Lebensjahr zu zaubern. Also einfach die Kerze anzünden, an uns denken und das nächste Jahr wird funkelnd und brillant – Du wirst schon sehen.

Sissi und Juliane

Mit einer Vitamintablette

Lieber Tobi,

wer feiert, sollte nicht vergessen, auch an den Tag danach zu denken. In diesem Sinne: Herzlichen Glückwunsch zum Geburtstag, ein Super-Fest – und für den nächsten Tag hier gleich schon mal die nötige Dosis Vitamine!

Dein Markus

Mit einem flachen Küchenschwamm

Liebe Petra,

Hilfe! Du wirst schon 24!
Unser Tipp für Dich: Schwamm drüber.

Einen Supergeburtstag wünscht Dir *Deine Tante Dagmar*

Mit Pfefferminz-Blättern

Liebe Susanne,

wir gratulieren Dir herzlich und wünschen Dir ein schönes Geburtstagsfest.
Wenn es heute Abend heiß hergeht, schnupper einfach mal zwischendurch an diesen Blättern – sie sollen Dich erfrischen und Dir einen kühlen Kopf schenken!

Einen coolen Geburtstag wünscht Dir
Dein Patrick

Mit einem bunten Radiergummi

Lieber Tobi,

farbenfrohes Glück zum Geburtstag!
Wir wünschen Dir immer eine grüne Welle, dass Du nicht zu blauäugig handelst und dass Deine Pläne fürs nächste Jahr nicht nur graue Theorie bleiben.
Kurz: Ein buntes Neues Jahr mit super viel Spaß. Dafür rollen wir Dir den roten Teppich aus! Und falls mal was nicht so gut läuft: dieses ist ein verzauberter Radiergummi, mit dem Du Ärger einfach wegradieren kannst.
Machs gut!

Gina und Ulrike

Mit einem Eisennagel

Lieber Hannes,
auch wenn Du jetzt schon 29 wirst, Du gehörst noch lange nicht zum »Alten Eisen«. Kopf hoch und feier' schön.

Deine Brüder Bruno und Peter

Mit einer kleinen Spielzeugente

Hi Maxi,
alles Gute zum Geburtstag: Zum Ende Deines 27. Lebensjahres und zum Ende von Prüfungsstress und WG-Gerangel. Also immer dran denken: »Ente gut – Alles gut«

Dein Markus

Bedenken Sie dabei, dass die Beigaben möglichst transportsicher gewählt werden, damit sie ihren Bestimmungsort auch unversehrt erreichen. Also bitte nichts verschicken, was auslaufen, zerbröseln oder zerbrechen kann.

Die XXL-Gratulation per Post

Wenn Sie dem Geburtstagskind eine besondere Freude machen wollen, dann schicken Sie eine Gratulation als Paket – sozusagen im XXL-Format. So können Sie einen originellen Glückwunsch eventuell gleich mit einem netten Geschenk verbinden. Hier ein paar Anregungen:

Darf's ein bisschen mehr sein?

Das Wellness-Paket
Darin befinden sich eine Badekugel, eine CD mit Entspannungsmusik und ein Massagehandschuh. Dabei liegt ein Brief mit dem Text:

> *Liebe Tina,*
>
> du arbeitest so viel und bist dauernd unterwegs. Müssen wir uns denn Sorgen machen? Wir dachten uns, Wellness entspannt und macht glücklich. Also reservier' Dir schon mal den kommenden Sonntag für Dein Wellness-Programm. Alles, was Du dafür brauchst, findest Du in unserem Beautypaket.
>
> Entspannte Glückwünsche von
> Deiner Familie Meier:
>
> *Kathrin, Thomas und Kater Maximilian*

Das »Tag-danach-Paket«
Darin befinden sich eine Schlafmaske, Ohrstöpsel und Brausetabletten. Es liegt eine Karte bei mit dem Text:

Lieber Herbert,
als erfahrener Partygänger ist es Dir natürlich sonnenklar: Man soll die Feste feiern wie sie fallen!
Damit Du siehst, dass wir heute besonders an Dich denken – obwohl wir leider nicht mitfeiern können – schenken wir Dir die nötige Ausrüstung für eine entspannte Nachtruhe. Wir wünschen Dir alles Gute zum Geburtstag.

Deine Fußball-Kumpels Jens, Philipp und Christoph

Das Urlaubs-Paket
Überraschen Sie das Geburtstagskind mit einem fertig geplanten und vollständig organisierten Urlaub – nämlich ein Kurzurlaub auf Balkonien. Alle Zutaten dafür befinden sich im Paket: Sonnenhut, zehn Ansichtskarten, zehn Briefmarken und eine Wasserpistole.

Liebe Petra,
wir wünschen Dir alles Gute zum Geburtstag. Um Dir Deinen wohlverdienten Urlaub auf Balkonien zu ermöglichen, haben wir weder Kosten und Mühen gescheut. Hier ist schon mal die Grundausrüstung, damit Du nicht zuviel Sonne abbekommst. Schicke uns bitte auch unbedingt eine Postkarte. Und sollte Dich der linke Nachbar wieder stören, dann hast Du mit der Wasserpistole ein Abwehrmittel mit hoher Trefferquote!

Steffi und Ilse

Last-Minute-Gratulationen

Manchmal ist es wie verhext. Man hat sich schon auf ein schönes Geburtstagsfest gefreut und dann kommt auf einmal etwas dazwischen, das die Teilnahme unmöglich macht: ein krankes Kind, der Babysitter hat kurzfristig abgesagt, plötzliche Zahnschmerzen oder auch ein unaufschiebbarer beruflicher Termin, eine Geschäftsreise oder ein kaputtes Auto.
Je nachdem, wie schwerwiegend die Vorkommnisse sind, kann dies dazu führen, dass man seinen Besuch der Geburtstagsfeier leider ganz absagen muss.
Selbstverständlich kann in diesem Fall eine Freundin oder ein Verwandter Ihr Geschenk überbringen – an Ihrer Stelle gratulieren kann die andere Person allerdings nicht. Erfreuen Sie das Geburtstagskind daher mit einem Glückwunsch in letzter Minute, der Last-Minute-Gratulation, und zwar – wenn möglich – per E-Mail. Das geht schnell und unkompliziert – und darauf kommt es an, gerade wenn man mit anderen Dingen belastet ist. Folgende Themen lassen sich blitzschnell per E-Mail realisieren:

Ideen ganz auf die Schnelle

Ganz »persönlich«
Beschriften Sie eine Din-A4-Seite weißes Papier per Hand oder per Computer wie folgt:

> **HERZLICHE GLÜCKWÜNSCHE ZUM GEBURTSTAG!**

Mit diesem Blatt in den Händen fotografieren Sie sich mit dem Handy oder der Digitalkamera.
Verschicken Sie das Bild als Dateianhang. Folgendes Anschreiben bringt es auf den Punkt:

> An: a.mueller@gmx.de
>
> Da war doch noch was …
>
> Hi Andreas,
> Du siehst, ich habe weder Kosten noch Mühen gescheut, um Dir so »persönlich« wie möglich gratulieren zu können. Lass Dich richtig feiern. Man wird schließlich nur einmal im Leben 30!
>
> *Deine Vicki*

E-Mail-Telegramm
Was lag früher näher, als eilige Nachrichten per Telegramm zu verschicken. Zaubern Sie den Charme vergangener Zeiten auf den Bildschirm und verschicken Sie Ihre Last-Minute-Gratulation im Telegramm-Stil:

> An: u.schmitz@web.de
>
> +++ WICHTIGE MITTEILUNG ZUM GEBURTSTAG +++
>
> +++ LIEBE UTE +++
> GRATULIERE IN ALLER KUERZE +++
> WUENSCHE SUPER FEIER +++
> TRAURIG, DASS NICHT DABEI +++
> WIRD NACHGEHOLT +++
>
> KUSS BASTI

Da ist Musik drin
Laden Sie bei einer (legalen!) Musikbörse einen stimmungsvollen Song herunter und verschicken Sie die mp3-Datei als Anhang.
In der Mail steht folgender Begleittext:

> An: Ilona.brettschneider@t-online.de
>
> Mein Song für Dich!
>
> Liebe Ilona,
>
> wie ich Dir schon vor ein paar Tagen sagte, kann ich heute Abend leider nicht dabei sein. Dennoch möchte ich meinen Beitrag zu einem gelungenen Geburtstagsfest leisten. Deshalb: anklicken, reinhören, Spaß haben!
>
> Happy Birthday!
> *Deine Susanne*

Nachträgliche Gratulationen

Das ist jedem schon einmal passiert: Man vergisst den Geburtstag einer Person, und dieses Versäumnis fällt einem erst in den folgenden Tagen auf. Dann hilft nur noch die Flucht nach vorn. Also, lieber zu spät gratulieren als gar nicht. Das Geburtstagskind freut sich auch ein paar Tage später noch über wohlwollende Glückwünsche. Besonders sympathisch kommen verspätete Glückwünsche rüber, wenn Sie in Ihre Gratulation das »schlechte Gewissen« charmant einbauen.

Besser spät als nie

Ideen für Nachzügler-Gratulationen mit Charme

Nehmen Sie die eigene Vergesslichkeit auf die Schippe!

Als Aufhänger eignen sich Redewendungen und Zitate, die sich mit Uhren, Pünktlichkeit, Zeit beschäftigen. Ob Sie nun eine Geburtstagskarte in Form eines Weckers gestalten, ob Sie mit Ihrer Vergesslichkeit kokettieren oder einfach nur eine witzige Gratulation formulieren – zögern Sie nicht, sich selbst ein bisschen auf die Schippe zu nehmen.

Knoten im Tuch

Besorgen Sie ein schönes, hochwertiges Stofftaschentuch und machen Sie einen Knoten hinein. Beschreiben Sie eine farblich passende Karte mit folgendem Text:

> *Liebe Michaela,*
>
> dieses Taschentuch mit Knoten sollte mich an Deinen Geburtstag erinnern.
> Das hat allerdings versagt, deswegen schenke ich es jetzt Dir.
> Du kannst es als ganz normales Taschentuch verwenden, denn Du gratulierst ja immer pünktlich – auch ganz ohne Gedächtnisstütze!
>
> Herzliche Glückwünsche
> *Deine Rita*

Einfach schlafmützig!

Kaufen Sie eine Stoffmütze (z. B. in der Babyabteilung) und befestigen Sie mit einem Faden eine Karte daran. Auf der Karte steht:

Lieber Ferdinand,

man muss es einfach sehen, wie es ist: Du bist von einer Reihe von Schlafmützen umgeben. Das allein wäre ja nicht weiter schlimm, aber dass die Deinen Geburtstag verschlafen, das schon!
Wir gratulieren herzlich nachträglich, sind dabei untröstlich und geloben Besserung im nächsten Jahr!

Deine Schlafmützen
Gerti, Max und Ulli

Wer schläft, der sägt
Besorgen Sie sich aus dem Baumarkt eine Handvoll Sägespäne, füllen Sie diese in einen Briefumschlag und legen Sie folgende Nachricht dazu:

Lieber Hendrik,

so wie ich das sehe, habe ich in den vergangenen Tagen ganze Baumstämme zersägt, so komplett, wie ich Deinen Geburtstag verschlafen habe. Den Beweis findest Du im Umschlag.
Also jetzt ohne Umwege:
Happy Birthday und alles Gute fürs neue Lebensjahr

Deine Kiki

P. S. Die Säge habe ich verkauft. Die brauche ich hoffentlich im nächsten Jahr nicht mehr.

Am schnellsten kann man seine nachträglichen Glückwünsche natürlich telefonisch oder per E-Mail den Mann oder an die Frau bringen. Hierfür eignen sich die folgenden Ideen:

> **Der fehlerhafte Kalender**
> Zeichnen Sie am Computer ein fiktives Monatskalenderblatt, wie man es auf klassischen Kalendern findet, und mailen Sie dieses an das Geburtstagskind. Der Clou dabei: Das Datum des Geburtstages fehlt auf dem Kalenderblatt. Wenn der Geburtstag an einem 13. ist, dann sieht das beispielsweise so aus:
>
> | | | | JUNI | | | | |
> |---|---|---|---|---|---|---|---|
> | So | Mo | Di | Mi | Do | Fr | Sa | So |
> | 1 | 2 | 3 | 4 | 5 | 6 | 7 | 8 |
> | 9 | 10 | 11 | 12 | | 14 | 15 | 16 |
> | 17 | 18 | 19 | 20 | 21 | 22 | 23 | 24 |
> | 25 | 26 | 27 | 28 | 29 | 30 | | |
>
> Dazu passt der folgende Gratulationstext:
>
> *Liebe Carina,*
>
> mein Kalender hat mich im Stich gelassen. Was sagst Du dazu? Findest Du darauf den 13. Juni? Nein? Dann bin ich beruhigt – ich nämlich auch nicht. Keine Ahnung, wen ich für diese Fehlproduktion verantwortlich machen soll. Es ist schlicht ein Skandal! Nun also mit Verspätung: Die allerliebsten Wünsche für das neue Lebensjahr! Alles Gute zum Geburtstag!
>
> *Deine Sabine*
>
> P. S. Meinen Kalenderlieferanten habe ich inzwischen gewechselt, damit so etwas nicht wieder passiert!

Wichtige Durchsage
Was fällt einem beim Stichwort Verspätung ein? Reisen mit öffentlichen Verkehrsmitteln! Nehmen Sie Ihre Gratulation mit dem Mikrofon auf und verschicken Sie die akustischen Glückwünsche als Dateianhang ohne zusätzlichen Begleittext. Bauen Sie das Geburtstagsdatum und Ihre eigene Telefonnummer in die Gratulation ein. Das hört sich dann so an:

> »Achtung, Achtung, eine wichtige Durchsage:
> die Geburtstagsgratulation 3101965 an Michael Peters hat bis heute leider 4 Tage Verspätung. Wir bitten dieses Versäumnis – das eigentlich unverzeihlich ist – zu entschuldigen. Für Schadensersatzansprüche wählen Sie bitte die folgende Servicenummer 089–23 71 00.
> Wir danken für Ihr Verständnis und wünschen Ihnen noch eine gute Reise!

Danksagung für ein gelungenes Fest

Auch das gehört zum Gratulieren: Wenn Sie auf dem Fest waren und sich bestens unterhalten haben, dann lassen Sie dies den Gastgeber oder die Gastgeberin doch wissen – als Dankeschön in Form einer Gratulation zum tollen Fest. Schließlich ist das Ausrichten eines Geburtstagsfestes – auch wenn es nur ein Geburtstagskaffee im kleinen Kreis ist – immerhin auch mit Aufwand und Kosten verbunden. Und eine Einladung zum Geburtstag ist keine Selbstverständlichkeit. Natürlich haben Sie sich beim Abschied bereits mündlich bedankt. Aber noch wertschätzender kommt das Dankeschön an, wenn Sie es am nächsten Tage noch einmal wiederholen.

Über ein Dankeschön freuen sich alle Gastgeber.

Hierzu bieten sich die folgenden Möglichkeiten als Aufhänger an:

Bitte recht freundlich!
Vielleicht haben Sie ja während des Festes fotografiert. Kopieren Sie Ihre Ausbeute (die »schlimmsten« Fotos vorher rasch aussortieren!) auf eine CD. Das gelungenste Foto ausdrucken und mit folgenden Text als »Bildunterschrift« versehen:

> *Hi Tobi,*
>
> das ist nur ein kleiner Vorgeschmack – und gleichzeitig der eindeutige Beweis, dass Dir ein wirklich cooles Geburtstagsfest gelungen ist.
>
> Ein dickes Dankeschön dafür!
>
> Wir hoffen, Du hattest mindestens genau soviel Spaß wie wir!
>
> Liebe Grüße von
> *Kim, Valentina, Matze und Flo*

Endlich mal Zeit füreinander!
Das Schöne an Festen ist die ausgelassene Stimmung und die umtriebige Atmosphäre. Der Nachteil ist, dass man mit dem Geburtstagskind kaum ein längeres Gespräch führen kann, weil viele Gäste da sind und das Geburtstagskind seinen Gastgeberverpflichtungen nachkommen muss. Abhilfe schafft da eine Gegeneinladung. Nichts Aufwändiges, denn im Mittelpunkt steht das Gespräch. Schließlich muss man alles noch einmal genau

durchgehen, vergleichen und »analysieren«, Klatsch und Tratsch inbegriffen. Wie wäre es zum Beispiel mit folgender E-Mail am nächsten Tag:

> v.berger@web.de
>
> **Darüber sollten wir reden**
>
> *Liebe Steffi,*
>
> um es auf den Punkt zu bringen: Klasse Fest, ausgezeichnetes Essen, super Stimmung! Herzlichen Dank für die tolle Geburtstagsfeier!
> Einen Nachteil hat die ganze Geschichte dennoch: Wie beide haben genau 16:25 Minuten miteinander gesprochen. Das ist eindeutig zu kurz!
> Die Lösung: Teestunde bei mir am kommenden Sonntag mit allem Drum und Dran.
> Um 16.25 Uhr???
>
> Herzlichst
> *Deine Valentina*

Vielleicht geht es bei Ihnen zu Hause oder am Arbeitsplatz am nächsten Tag dermaßen hektisch zu, dass Sie den Versand Ihrer originellen Dankes-Botschaft auf den nächsten Tag verschieben müssen. Der ist dann natürlich auch noch ein passender Zeitpunkt für ein Dankeschön.
Allerdings kann es auch leicht passieren, dass man den Dank von Tag zu Tag verschiebt (»Aber morgen erledige ich das Dankeschön ganz bestimmt«) und auf einmal ist eine Woche vorbei – und dann ist es eigentlich schon zu spät für einen netten Dankesgruß.

Deshalb hier ein Tipp: Falls man seine Dankesgrüße nicht am nächsten oder spätestens am übernächsten Tag loswerden kann, ist ein schneller schmuckloser E-Mail Gruß oder eine kurze freundliche Nachricht auf dem Anrufbeantworter oder der Mailbox die bessere Alternative – die Hauptsache ist, dass Sie sich überhaupt bedanken.

An alles gedacht?

Bevor Sie die schriftlichen Geburtstagsglückwünsche auf den Weg bringen, hier noch einmal das Wichtigste auf einem Blick:

- Ist die Adresse aktuell und korrekt wiedergegeben?
- Haben Sie den Glückwunsch unterschrieben, damit das Geburtstagskind auch weiß, von wem er kommt?
- Ist das Innenleben Ihrer Gratulation (bruch)sicher verpackt?
- Ist die Sendung bei Sonderformaten und höherem Gewicht ausreichend frankiert?
- Wird die Sendung pünktlich am Geburtstag ankommen? (Wochenende oder Feiertage einkalkulieren)

Charmante Reden und Ansprachen halten

Reden ist Silber, Schweigen ist Gold – wenn es nicht gerade um die Ansprache zum Geburtstag geht. Das Geburtstagskind freut sich, in einer schwungvollen und wertschätzenden Ansprache gewürdigt zu werden – vorausgesetzt, sie ist auf die Person zugeschnitten, kurz und mit Humor »gewürzt«.

So gelingt Ihre Ansprache

Die meisten Menschen fühlen sich eher unsicher, wenn sie vor mehreren Menschen eine Rede halten sollen, denn nicht jeder hat Erfahrung im Halten von Ansprachen.

Das A und O: Eine gute Vorbereitung

Dabei stellt man sich beispielsweise die folgenden Fragen:
- Worüber spricht man?
- Welche Aufhänger bieten sich an?
- Kann man Witze einbauen?
- Wie erreicht man, dass die Rede locker und unverkrampft wirkt?
- Wie lassen sich Fettnäpfchen vermeiden?

Einfach so drauflos reden ist nicht empfehlenswert. Aus dem Stegreif ganz lässig ein paar launige Sätze zum Besten zu geben, gelingt den wenigsten. Falls Sie nicht zu diesen Naturtalenten gehören, lassen Sie sich dennoch nicht entmutigen. Die Themenauswahl und die Vorbereitung sind entscheidend!

Unpassende Themen vermeiden

Bei Geburtstagen soll es heiter und beschwingt zugehen. Die Rede soll in erster Linie das Geburtstagskind erfreuen – und dies sollte sich auch in der Auswahl der Themen widerspiegeln. Deshalb sind Themen wie Scheidung, Beziehungskrisen, berufliche Krisen, finanzielle Fragen, familiäre Probleme und ähnliches weniger für eine Geburtstagsrede geeignet. Vielmehr ist es empfehlenswert, einen großen Bogen um diese Themen zu machen – ganz gleich wie eng Sie mit der Person befreundet sind und welche intimen Dinge Ihnen daher bekannt sind.
Auch Erinnerungen an die Kindheit und Schulzeit kommen nicht bei jedem gut an, also sich eher an unverfänglichen und

fröhlichen Themen orientieren. Mit dem folgenden Bauplan können Sie ganz einfach ein inhaltliches Gerüst für Ihre Geburtstagsansprache erstellen, bevor Sie sich dann an die Feinheiten der Formulierung machen.

Der »Bauplan« für Ihre Geburtstagsrede

Ganz gleich, welcher Person Sie mit Ihrer Rede zum Geburtstag gratulieren möchten – eine Rede folgt stets derselben Dramaturgie, die sich für ihren Aufbau bewährt hat. Sie besteht aus drei Teilen: der Einleitung mit Begrüßung, dem Hauptteil mit dem eigentlichen Sujet und dem Schluss mit Überleitung zum nächsten Programmpunkt.

Reden ganz einfach »konstruieren«

Das folgende Rede-ABC hilft Ihnen dabei, die Rede zu komponieren. Sie wählen aus jeder Sparte eine oder mehrere Möglichkeiten:

> A) Einleitung mit Begrüßung
> B) Hauptteil mit Grundthema
> C) Schluss

Selbstverständlich ist das Rede-ABC nicht verbindlich für alle Redesituationen. Es soll vielmehr im Sinne einer Inspirationsliste ungeübten Rednern und Rednerinnen ein hilfreiches Gerüst beim Aufbau einer Ansprache bieten und darüber hinaus thematische Anregungen für die Ausschmückung liefern.

Das Rede-ABC
A) Einleitung mit Begrüßung
wahlweise
- Begrüßung aller Anwesenden
- Benennung des Anlasses
- Dank für die Einladung
- Besondere Ansprache des Geburtstagskindes
- Überleitung zum Grundthema der Rede (siehe B)

B) Hauptteil mit Grundthema
wahlweise
- was man am Geburtstagskind besonders mag
- was einen mit dem Geburtstagskind besonders verbindet
- wie man sich kennengelernt hat
- der gemeinsame Weg im Laufe der Zeit
- gemeinsame Erinnerungen
- das persönliche Verhältnis zum Geburtstagskind
- Gemeinsamkeiten mit dem Geburtstagskind
- Hobbys des Geburtstagskindes
- das Aussehen des Geburtstagskindes
- Eigenschaften des Geburtstagskindes
- Sternzeichen des Geburtstagskindes

C) Schluss
- Gratulation

Überleitung wahlweise
- zum Menü
- zum Tanzen
- zum Überreichen der Geschenke
- zum Ortwechsel, z. B einem Spaziergang

Reden-Beispiele nach »Bauplan«

Anschließend finden Sie konkrete Beispiele, die zeigen, wie unterschiedlich und abwechslungsreich die einzelnen Reden ausfallen, obwohl alle nach dem A-B-C-Prinzip aufgebaut sind.

Natascha wird achtzehn

Die Rede wird von ihrem Vater gehalten.

> **Der »Bauplan« der Rede:**
> A) Einleitung und Begrüßung
> B) Berufswahl des Geburtstagskindes (hier Eventmanagerin)
> C) Aufforderung zum Tanzen

Liebe Natascha, liebe Geburtstagsgäste,

nach einem wundervollen Abendessen möchte ich – bevor hier dass Tanzfieber ausbricht – noch ein paar Worte an Dich, meine Tochter, richten.
Heute wirst Du volljährig, und ich als Dein Vater sehe das durchaus mit einem lachenden und einem weinenden Auge. Einerseits bin ich stolz auf meine Tochter, die vor zwei Wochen ihr Abitur gemacht hat und im Herbst ihre Ausbildung zur Eventmanagerin beginnt. Andererseits ist dies natürlich auch ein großer Schritt zu mehr Selbstständigkeit: Du wirst in einer anderen Stadt wohnen, und wir werden uns nicht mehr so häufig sehen wie bisher.
Doch diese Entscheidung ist nur folgerichtig, denn der Beruf als Eventmanagerin war Dir ja quasi in die Wiege gelegt.
Ob nun Deine Performance im Spinat-Weitwurf, Deine oscar-

reifen Darbietungen im Film »Tausend Ausreden, warum ich nicht schlafen will«, oder die olympiaverdächtigen Leistungen in der Disziplin »Dauerschreien« – Du hast Deine Mutter und mich von Anfang an mit außergewöhnlichen Events beglückt – von den Eskapaden als »Germany's next Shockmodel« so im Alter von 13 und der »Luftgitarre« auf Omas 70. Geburtstag einmal ganz abgesehen.

Nun wollen wir aber nicht länger in der Vergangenheit verweilen, sondern unser Glas zu Deinen Ehren erheben. Wir gratulieren Dir von ganzem Herzen zu Deinem Geburtstag und wünschen Dir viel Erfolg beim Eintritt ins Berufsleben.

Und nun können wir alle mal unsere Event-Tauglichkeit unter Beweis stellen.

Ich sehe, unser Discjockey ist auch bereit. Dann kann es ja losgehen! Lasst es mich mit den Worten von Lionel Ritchie sagen: Let's Celebrate! Viel Spaß!

Sven feiert seinen 28. Geburtstag

Die Rede wird gehalten von seinem Jugendfreund Ulrich

> **Der »Bauplan« der Rede:**
> A) Einleitung und Begrüßung
> B) persönliche Eigenschaft (Typ: »Großer Schweiger«)
> C) Überleitung zum Essen

Liebe Freunde aus nah und fern, lieber Sven,

wir wissen, Du bist kein Freund großer Worte. Als großer Schweiger bist Du uns von so mancher Kneipentour in eindrucksvoller Erinnerung.

Dennoch musst Du dies jetzt einfach mal über Dich ergehen lassen. Als dein Freund aus Kindertagen kenne ich Dich vielleicht noch ein wenig besser als die anderen Gäste, die heute hier sind – und deswegen weiß ich, dass Du es genießt, an Deinem Ehrentag mal im Mittelpunkt des Geschehens zu stehen. Du musst ja nicht viel sagen. Lächeln und Nicken sind völlig ausreichend. Lieber Sven, im Namen aller Freunde bedanke ich mich bei Dir für das tolle Grillfest anlässlich Deines Geburtstages, zu dem wir Dir jetzt – quasi ganz offiziell – gratulieren möchten. Bleib so ein schweigsamer Brummbär, der Du bist. Alles andere würde uns nur fürchterlich irritieren, und Du weißt sicherlich selbst: Menschen, die auf die 30 zugehen, mögen keine krassen Veränderungen mehr in ihrem privaten Umfeld.
So wollen wir uns denn den Steaks und Würstchen zuwenden. Ich wünsche uns allen einen guten Appetit und ein schönes Fest!

Elke wird 58

Die Rede hält ihre langjährige Freundin Anna

> **Der »Bauplan« der Rede:**
> A) Einleitung und Begrüßung
> B) Gemeinsame Erinnerungen
> C) Überleitung zum Chor der Enkelkinder

Liebe Elke, lieber Fred, verehrte Geburtstagsgäste,

bevor Dir, liebe Elke, Deine Nichten und Neffen ein Geburtstagsständchen bringen – lass' mich die Gelegenheit nutzen, Dir noch einmal ganz besonders herzlich zum heutigen Geburtstag zu gratulieren.

Nicht jeder von uns hier kennt Dich so lange wie ich – nämlich 39 Jahre, um ganz genau zu sein. »Das hat durchaus seine Vorzüge«, denkst Du jetzt bestimmt. Zu früh gefreut, liebe Elke! Diesem Wissensdefizit muss endlich mal wirksam entgegengetreten werden. Und ich habe keine Mühen gescheut, um Deinen Gästen mal einen Eindruck von Dir zu geben aus einer Zeit, als Du noch nicht als Rechtsanwältin den Inbegriff an Seriosität und gutem Geschmack dargestellt hast.

Verehrte Gäste, bitte sehen Sie, was ich auf dem Speicher gefunden habe:
Raritäten aus Elkes Plattensammlung aus dem Jahre 1972, die sie bei ihrem letzten Umzug bei mir zwischengelagert hat. Die Plattensammlung hat sie natürlich wieder in ihrem Besitz, allerdings waren die folgenden Fundstücke zwischen zwei Kartons gerutscht, so dass ich diese zufällig vor einigen Wochen entdeckt habe. Es handelt sich im Einzelnen um: David Cassidy, Suzi Quatro, Marianne Rosenberg, T. Rex und last but not least die Starparade mit Michael Holm und Jürgen Marcus.

Aus Rücksicht auf die jungen Gäste, die sich mit dieser Musik langweilen würden und die gleichaltrigen Gäste, die diese Musik schon früher schrecklich fanden, verzichte ich an dieser Stelle auf akustische Auszüge dieser erlesenen Musikperlen. Statt dessen leite ich lieber zum Chor der Nichten und Neffen über, die Dir, liebe Elke jetzt gleich eine musikalische Gratulation zu Gehör bringen werden.

Liebe Elke, es war eine wilde Zeit damals während des Studiums in Marburg. Gern denke ich daran zurück, und wie von selbst kommen mir dann die schrägen Melodien Deiner Plattensammlung wieder in den Sinn. Danke dafür, dass ich diese Zeit gemeinsam mit Dir erleben durfte – Happy Birthday!

Fabian wird 35

Die Ansprache hält seine Frau Laura

> **Der »Bauplan« der Rede:**
> A) Begrüßung und Einleitung
> B) Wie man sich kennen gelernt hat
> C) Überleitung zum Geschenke auspacken

Lieber Schatz,
liebe Freunde, liebe Nachbarn,

keine Angst, jetzt kommt keine lange Rede, die uns vom Wesentlichen dieses Tages, nämlich Feiern und Spaß haben, abhalten soll! Aber ich finde, wenn man ins gesetzte Alter von 35 eintritt, ist das doch Grund genug, einmal zurückzuschauen. Nämlich zu dem Abend, an dem wir uns kennengelernt haben. Was unsere Freunde vielleicht gar nicht wissen: Es war ebenfalls der 13. Mai und es war genau hier im Landgasthof zum Hirschen, und zwar im Biergarten.
Vor zehn Jahren war das hier noch viel rustikaler und die Inneneinrichtung noch nicht so modern wie heute. Ich habe zu der Zeit noch studiert und hier als Bedienung gejobbt. Und Du, Fabian, warst mit Deinen Kumpels hier, um Deinen Geburtstag zu begießen. Ihr wart ja ein ganz schön wilder Haufen, jedenfalls ist es mir so in Erinnerung geblieben.
Ehrlich gesagt, fand ich Dich an diesem Abend ziemlich langweilig und muffig – und Dein knallbuntes Hawaiihemd war ja auch nicht gerade der Kracher. Aber, liebe Freunde, Ihr seht, die Geschichte ist gut ausgegangen, was die These bestätigt, dass man mit dem ersten Eindruck von einem Menschen ganz schön danebenliegen kann.

Die Zeiten haben sich geändert, die Hawaiihemden sind mittlerweile in der Altkleidersammlung, statt lockerem Studentenleben sind bei uns berufliche Herausforderungen angesagt.

Umso mehr freue ich mich, dass wir hier noch einmal an die Anfänge erinnert werden und jetzt gleich zum nächsten Programmpunkt kommen, dem Auspacken Deiner Geschenke, die sich auf dem Tisch im Nebenraum schon imposant türmen. Also, liebe Gäste, begleitet uns bitte hinüber, zusammen macht das doch viel mehr Spaß.
In diesem Sinne, mein Liebling: Happy Birthday!

Lilo feiert ihren 43.

Die Rede hält ihre Schwester Charlotte

> **Der »Bauplan« der Rede:**
> A) Einleitung und Begrüßung
> B) Hobby: Kochen
> C) Überleitung zum Servieren des Nachtischs

Liebste Lilo, liebe Geburtstagsgäste,

eines vorweg: Ein dickes Dankeschön für die Einladung zu diesem wunderschönen Fest! Seit meinem Umzug nach Zürich sehen wir uns leider nicht mehr so oft, wie dies früher einmal der Fall war. Umso schöner finde ich es, dass wir heute diesen Anlass nutzen können, mal wieder zu plaudern und uns über alle Neuigkeiten auszutauschen.
Kulinarisch betrachtet hast Du Dich mal wieder selbst übertroffen. Der Rehbraten war einfach ein Gedicht. Doch das war

nicht immer so, liebes Schwesterherz – wir erinnern uns wohl beide noch mit gemischten Gefühlen an dein Bratenexperiment vor einigen Jahren. Du weißt, was ich meine: Als das Abendessen erst kurz vor Mitternacht auf den Tisch kam, weil Du Dich mit der Garzeit verschätzt hattest. Gäste und Gastgeber hatten die Weinvorräte schon einer intensiven Verkostung unterzogen und waren nicht mehr aufnahmebereit für dieses Late-Night-Gericht. Zu schade! Andererseits war die Stimmung super und wir haben viel gelacht.

Dein Humor ist sowieso eine Deiner herausragenden Eigenschaften, um die man Dich nur beneiden kann. Wie Du auch verzwickten Situationen noch eine gewisse Komik abzugewinnen weißt, finde ich schlichtweg fabelhaft. Bitte so bleiben. Wir wollen auch in den kommenden Jahren immer genug zu lachen haben.

Da ich vorhin schon mal neugierig in die Küche gelinst habe, weiß ich, dass der Nachtisch jetzt gleich serviert werden kann. Nach grober Schätzung ungefähr 2000 Kalorien pro Person? Lilo, berichtige mich, wenn ich falsch liegen sollte. Deswegen möchte ich Euch alle nicht länger vom Genuss abhalten. Lasst uns vorher noch auf unsere liebe Lilo anstoßen: Herzlichen Glückwunsch von uns allen und ein tolles, ereignisreiches und spannendes neues Lebensjahr.

Gedichte zum Geburtstag

Suchen Sie sich engagierte andere Geburtstagsgäste und entwickeln Sie gemeinsam »Ihr« Geburtstagsgedicht. Je personenbezogener der Inhalt dann ausfällt, desto amüsanter wird das Endergebnis.

Machen Sie sich doch mal einen Reim drauf.

Aber bedenken Sie: je kürzer, desto besser. Denn möglicherweise haben auch andere Geburtstagsgäste, die Sie nicht kennen, etwas vorbereitet. Deshalb lieber eine knappe Darbietung wählen. Die nachfolgenden Beispiele sollen Ihnen ein paar Anregungen bieten, wie Sie Ihre Glückwünsche und unterhaltsamen Verse verpacken können.

Der Gedicht-Bluff

Treiben Sie das Motto »In der Kürze liegt die Würze« doch mal auf die Spitze. Kündigen Sie mit blumigen Worten eine aufwendige Gedichtdarbietung an und drücken Sie sich dabei betont weitschweifig aus. Das könnte dann so klingen:

> Liebe Gäste,
> darf ich um Eure Aufmerksamkeit bitten!
>
> Anlässlich des 40. Geburtstages von Evi am heutigen Tag, habe ich es mir nicht nehmen lassen, ein mehrstrophiges Gedicht zu texten, das den gesamten Lebensweg von Evi von ihrer Geburt in Herne bis zum heutigen Tag ausführlich würdigt. Dieses Gedicht setzt auch den Lebensweg von Evi in Relation zu meiner persönlichen Entwicklung. Vielen Dank für eure Aufmerksamkeit.
>
> Und nun folgt das Gedicht: …
>
> *Nach einer kurzen, wirkungsvollen Pause tragen Sie mit ernstem Gesicht die folgenden Zeilen vor:*
>
> Zum 40. Geburtstag hier ein Gedicht:
> Du bist'n Jahr älter – ich bin's noch nicht!

Ganz viel Glück

Glück zum Geburtstag zu wünschen, ist einfach ein Klassiker und passt immer, denn wer braucht das nicht? In Versform hört sich das Glück natürlich besonders nett an.

> *Zum Geburtstag ganz viel Glück*
> *Von der Torte noch ein Stück*
> *Wenig Arbeit und viel Kohle*
> *Wünschen wir zu Deinem Wohle.*
>
> *Jeden Tag topfit sich fühlen*
> *Selten nur Geschirr abspül'n*
> *Ab und an ein Gläschen Wein*
> *Lass Dich feiern – so soll's sein!*

Verse umdichten

Sie können auch bekannte Reime und Gedichte als Vorlage nehmen und passend zum Geburtstagskind umdichten.

Wie zum Beispiel die folgenden Verse von Wilhelm Busch:

> *Eins zwei drei im Sauseschritt*
> *surft die Leni, wir surfen mit.*
>
> *Leni ist jetzt 20 Jahr*
> *und ein Net-Freak ganz und gar.*
>
> *Alles gibt's im Internet.*
> *Viel zu kaufen – richtig fett.*
>
> *Doch das Beste, liebe Leut'*
> *ist, wenn Leni sich heut freut.*

*Drum gratulieren wir ihr live,
das gibt dem Fest den richt'gen Drive.*

*Liebe Leni, mach so weiter
lustig, peppig, immer heiter!*

Himmelblau

Auch Farben können eine Inspiration für ein Gedicht sein. Wenn Sie sich eine himmelblaue Zukunft für das Geburtstagskind vorstellen, kommt zum Beispiel ein solches Gedicht heraus:

*Mit 20 hat man große Ziele
Und auch Träume sind da viele:*

*Flitterwochen auf Hawaii
Flüchten aus dem Einerlei
Sich den Bauch mal bräunen lassen
Haushaltsgeld sinnlos verprassen*

*Doch, was immer auch passiert
Wir sagen es ganz ungeniert
Der inn'ren Stimme stets vertrau'
So wird die Zukunft himmelblau.*

Das etwas andere Gedicht: Der Limerick

Darüber lachen nicht nur die Briten.

Unter den zahlreichen Gedichtformen stechen die Limericks besonders hervor. Limericks sind kurz, nur 5 Zeilen lang, witzig (Vorsicht: englischer Humor), und sie haben stets eine oft merkwürdige Begebenheit zum Inhalt.

Dabei folgen Limericks immer einem bestimmten inhaltlichen Schema:

> **Limerick-Steckbrief**
>
> 1. Zeile: Eine Person wird vorgestellt, und dabei ihr Wohnort oder die Gegend der Herkunft genannt.
> 2. Zeile: Für diese Person bahnt sich eine merkwürdige/ sonderbare / verwunderliche /erstaunliche Situation an.
> 3. Zeile: Es passiert etwas Unerwartetes.
> 4. Zeile: Das Unerwartete steigert sich.
> 5. Zeile: Dann kommt die Auflösung mit einer komischen Wendung bzw. mit einer schrägen Pointe.

Dabei ist es der letzten Zeile »erlaubt«, den Reim etwas holpern zu lassen – dies erhöht nur den Witz und den besonderen Charme dieser originellen Gedichtform. Unbedingt einzuhalten ist dagegen das folgende Reimschema:

> **Limerick-Rhythmus und Reim-Schema:**
>
> 1. Zeile: (da)dadida dadida dadida(da)   (a)
> 2. Zeile: (da)dadida dadida dadida(da)   (a)
> 3. Zeile: (da)dadida dadida(da)   (b)
> 4. Zeile: (da)dadida dadida(da)   (b)
> 5. Zeile: (da)dadida dadida dadida(da)   (a)

Die folgenden Beispiele veranschaulichen, wie ein Limerick funktioniert und sollen gleichzeitig als Anregungen zum Selberdichten dienen:

Limerick-Glückwünsche für Veronika

Veronika hier in Froschhausen
sah dem Geburtstag entgegen mit Grausen.
Denn es war für den Nerz
ihr zu warm um das Herz –
da ließ sie das Styling halt sausen.

Da ein Limerick sehr kurz ist, kann man für ein etwas längeres Geburtstagsgedicht einfach mehrere Limericks aneinanderreihen. Wenn Sie Ihrer Freundin Anna gratulieren möchten, klingt das dann beispielsweise so:

Limerick-Glückwünsche für Anna

Bürokauffrau Anna in Hessen
Hat glatt ihren Geburtstag vergessen
weder Platten noch Törtchen
von Büffet gar kein Wörtchen –
So gingen die Gäste halt essen.

Bürokauffrau Anna aus Gießen
muss bei Tische die ganze Zeit niesen.
So verpasst sie den Hummer
das macht ihr viel Kummer
als auch die Beilagen sie drauf verließen.

Bürokauffrau Anna aus Hessen
Ist aufs Feiern mit uns ganz versessen
Drum gratulieren wir herzlich
Alles andre wär schmerzlich
Unsere Freude nur sie kann ermessen.

Man kann natürlich auch Limericks über einzelne Geburtstagsgäste zu einem Limerick-Potpourri zusammenstellen wie im folgenden Beispiel. Ein solches Potpourri sorgt für einen erheiternden Überraschungseffekt, denn nicht nur das Geburtstagskind wird so »gebührend« gewürdigt, auch die anderen Gäste bekommen ihr Fett weg.

Limerick-Potpourri über das Geburtstagskind und die Geburtstagsgäste

Geburtstagskind Thomas aus Essen
Kann sein Glück heute gar nicht ermessen
    Es kamen viele Gäste
    Zu seinem tollen Feste
Obwohl er die Einladung hat vergessen.

Der Heinz-Dieter Beck aus Graubünden
Konnt' die Schlüssel fürs Auto nicht finden.
    Da nahm er den Roller,
    Sein Sohn kriegt 'nen Koller
Jetzt muss er ihn nicht mehr anbinden.

Die Katrin aus Weilingerode
Hat ne Schwäche für extrem schräge Mode
    Mit dem Schuh blieb sie hängen
    Da half auch kein Zwängen
Nun geht sie barfuss marode.

Der Matthias aus dem schönen Kastell
probte Stepptanz auf dem Bärenfell
    Doch die Schritte misslangen
    Er sieht es mit Bangen
Und ändert die Meinung ganz schnell.

An alles gedacht?

Bevor Sie Ihre Ansprache zum Besten geben, hier noch einmal das Wichtigste auf einen Blick:

- Haben Sie die Rede ausprobiert, und ist sie höchstens drei Minuten lang?
- Sind bei der Begrüßung alle miteinbezogen?
- Enthält die Rede mindestens eine witzige Pointe, die zum Lachen animiert?
- Haben Sie den Zeitpunkt der Ansprache mit den anderen Beteiligten abgestimmt?
- Kann man Sie gut verstehen oder benötigen Sie ein Mikrofon?
- Könnten Sie das Gedicht auch auswendig vortragen?

Mit Darbietungen überraschen

Kleine Darbietungen stehen bei Festen hoch im Kurs. Sie sorgen im Idealfall für gelockerte Stimmung und bieten auch ausreichend Gesprächsstoff. Ob Quiz, Sketch, Gesang oder Musikeinlage – mit den passenden Ideen und der richtigen Vorbereitung kann nichts mehr schiefgehen!

Unterhaltung belebt das Fest

Macht Spaß und sorgt garantiert für Gesprächsstoff

Eine Geburtstagsfeier soll ein besonderes Erlebnis darstellen – sowohl für die Gäste als auch für das Geburtstagskind. Das gemeinsame Fest soll allen als erfreuliches und stimmungsvolles Ereignis in Erinnerung bleiben. Und dies gelingt ganz einfach, wenn während der Feier für Spaß und Unterhaltung gesorgt wird. Kurz gesagt – Humor ist Trumpf.

Ganz gleich, ob Sie ein Lied vorsingen, ein Gedicht vortragen, ein Quiz moderieren oder einen Sketch zum Besten geben – wählen Sie ein Thema, das nicht nur dem Geburtstagskind gefällt, sondern möglichst viele Gäste anspricht.
»Insider«-Pointen, die allenfalls das Geburtstagskind zu deuten weiß, sind nicht empfehlenswert. Sie irritieren und langweilen die anderen Anwesenden. Außerdem versteht es sich von selbst, dass die Darbietung dem Anlass entsprechend heiter und witzig daherkommen sollte. Also nicht aus falsch verstandenem Ehrgeiz tiefgründige Literatur, ermüdende Musikdarbietungen oder klassische Gedichte vortragen.

Die Vorbereitung

Sie haben sich für eine Aufführung entschieden. Aber Sie sind vielleicht unsicher, ob Ihr Vorhaben auch den gewünschten (Lach-)Erfolg erzielen wird – oder Sie sich am Ende womöglich durch eine peinliche Vorstellung vor allen blamieren.
Seien Sie unbesorgt: Es gibt bestimmte Regeln, die Sie bei der Auswahl, der Darbietungsform und der Aufführung beachten sollten. Diese finden Sie auf den folgenden Seiten. Wenn Sie alle Tipps und Anregungen beherzigen – dann wird die Darbietung mit Sicherheit ein Erfolg werden!

Eine Grundvoraussetzung für eine gelungene Aufführung ist, dass alle Personen, die mitwirken, auch Spaß daran haben, im Mittelpunkt der Aufmerksamkeit zu stehen. Das bedeutet, dass die Aufführenden die Geburtstagsgesellschaft als Publikum nicht einschüchternd empfinden und keine Hemmungen haben, sich zur Schau zu stellen – anfängliches Lampenfieber einmal ausgenommen. Denn eine gewisse Aufregung ist völlig normal und erhöht auch die eigene Konzentration.

Sie haben sich nun für eine bestimmte Darbietung entschieden – dann ist es unerlässlich, dass man auch die kürzeste Aufführung nicht ohne eine gewissenhafte Vorbereitung wirkungsvoll durchführen kann. Besonders für ungeübte Personen ist es hilfreich, die Darbietung mittels der folgenden Schlüsselfragen möglichst detailgenau vorzubereiten:

Gelungene Aufführung dank Checkliste

- Wer macht mit?
- Wer übernimmt die »Regie«?
- Wer spielt welche Rolle?
- An welcher Stelle des Festablaufs wird die Darbietung aufgeführt?
- Wo wird die Darbietung aufgeführt?
- Haben die Beteiligten genug Platz?
- Welche Requisiten werden benötigt?
- Sind die Lichtverhältnisse ausreichend?
- Werden Mikrofone benötigt?
- Sind störende Hintergrundgeräusche zu befürchten?

Quizspiele: spannend und unterhaltsam

Ein Dauerbrenner – auch ohne Millionengewinn

»Wer wird Millionär«-Fans sind sich einig: Quizspiele machen einen Riesenspaß. Doch man muss nicht um hohe Geldbeträge spielen, um Spaß zu haben. Die Lust am Raten und am »Besser-Wissen« liegt den meisten Menschen im Blut – und man lernt sogar noch etwas dabei. Das Geburtstagskind wird sich freuen, wenn einer der Gäste ein solches Spiel vorbereitet hat. Gerade bei einer Geburtstagsgesellschaft, bei der sich die Gäste nicht so gut kennen, ist ein Quizspiel eine gute Gelegenheit, miteinander ins Gespräch zu kommen. Ein Quizspiel kann man mit kleinen und großen Gesellschaften durchführen. Bei bis zu 15 Personen kann jeder einzelne als Kandidat auftreten. Bei einer größeren Anzahl von Gästen bietet es sich an, Quizteams (z. B. nach Tischen, nach Familien, über Losentscheid) zu bilden, die dann gemeinsam die Aufgaben lösen.

Die Vorteile selbst gestalteter Quizspiele

Es ist empfehlenswert, dabei nicht auf vorbereitete Quizfragen zurückzugreifen. Die Fragen sind in der Regel sehr speziell, setzen oft ein hohes Fachwissen voraus, und einzelne Geburtstagsgäste fühlen sich dann schnell ausgegrenzt, wenn sie nicht »mithalten« können. Viel persönlicher und unterhaltsamer sind Quizspiele, die Sie sich selbst ausdenken. Dafür gibt es gute Gründe:
1. Sie können ein Thema wählen, das zum Geburtstagskind und/oder seinen Gästen passt.
2. Sie können den Schwierigkeitsgrad der Quizfragen selbst bestimmen.
3. Sie können die Antwortmöglichkeiten gestalten, wie Sie möchten.

Themen für Quizspiele

Quizspiele lassen sich grundsätzlich zu jedem Thema entwickeln. Bei einer gemischten Gästezusammensetzung – und die ist bei Geburtstagsfeiern ja häufig anzutreffen – empfiehlt es sich allerdings, nicht gerade ein Spezialthema auszuwählen, bei dem man sich selbst gut auskennt (Insektenwelt Südspaniens, Malerei des Spätmittelalters oder Motorradoldtimer der 20er Jahre). Zu solch spezialisierten Themen können nur wenige Menschen Wissen beisteuern, das langweilt und demotiviert die Teilnehmenden. Was aber auch nicht bedeutet, dass die Fragen zu einem Thema extrem leicht sein sollen. Gerade die eine oder andere knifflige Frage ist sogar erwünscht. Sie sorgen für Spannung, wecken die Neugier, geben Anlass zu Spekulationen und machen das Quizspiel lebendig. Scherzfragen haben einen ähnlichen Effekt.

Unterhaltsam sind Themen von allgemeinem Interesse und idealer Weise über einen gewissen Unterhaltungsfaktor verfügen, so dass auch der Humor nicht zu kurz kommt. Ausgangspunkte für das Finden eines geeigneten Themas können folgende sein:

Der Mix aus Wissen und Unterhaltung macht's

Inspirationen für Quizthemen
- Aktuelle / kommende / vergangene Jahreszeit
- Geburtsjahr des Geburtstagskindes
- Sternzeichen des Geburtstagskindes
- Geburtsort / Gegend / Land des Geburtstagskindes
- Urlaub, Sport
- Tiere
- Essen und Trinken, Kochen
- Musik gestern und heute
- Kino und Film
- Fernsehsendungen
- Kultfiguren der Werbung

Vom Thema zu den einzelnen Fragen

Mit Themenvielfalt geben Sie allen eine Chance.

Haben Sie sich für ein Thema entschieden, gilt es nun, die entsprechen Fragen und die zugehörigen Antwort-Varianten zu formulieren. Ganz gleich, für welches Thema Sie sich entscheiden, achten Sie darauf, dass die Fragen (und die dazugehörigen Antworten!) aus vielen unterschiedlichen Wissensgebieten zusammengestellt sind – so hat jeder eine reelle Chance. Die einen haben von Sport und Unterhaltung viel Ahnung, andere sind fit in Physik und Technik, wieder andere kennen sich in Geschichte gut aus.

Je mehr Wissensgebiete zusammengeführt werden, desto unterhaltsamer wird das Fragespiel für diejenigen, die daran teilnehmen. Dabei können sich die Fragen auf Melodien, Stimmen oder Geräusche beziehen, die eingespielt werden. Hier sind Ihrer Fantasie keine Grenzen gesetzt. Als Richtlinie für den Umfang eines Quizspiels haben sich folgende Rahmenbedingungen bewährt:

Faustregeln für Quizspiele

- Nicht umfangreicher als eine DIN-A4-Seite
- Zwischen 10 und 15 Fragen
- 50 % Multiple-Choice-Fragen
- 25 % offene Fragen
- 25 % Scherz- oder Schätzfragen
- Pro Frage 3–5 Antwortmöglichkeiten

Antworten finden

Besonders lebendig wird das Quiz, wenn bei den Antworten Variationen möglich sind. Das bedeutet, dass Sie manche Fragen im Multiple-Choice-Verfahren beantworten lassen und dass andere Fragen offen, d. h. ohne Hilfe frei formuliert beantwortet werden können. Auch die Positionierung der richtigen Lösung sollte variieren (nicht immer Lösung C).

Vorbereitung und Durchführung

Erfahrungsgemäß machen Quizspiele dann am meisten Spaß,
- wenn alle mitraten können,
- wenn ein gewisser Wettbewerb zwischen den Teilnehmern bestehen darf,
- wenn die Lösungen einwandfrei belegbar sind.

Um den Unterhaltungscharakter eines Quizspiels für alle Gäste bewahren, hat sich das folgende Vorgehen bewährt: Derjenige, der das Quizspiel entwickelt hat, sollte auch den Part des »Quizmasters« übernehmen, denn diejenige Person hat das nötige Hintergrundwissen und kann bei Nachfragen spontan die richtige Antwort liefern.

In sechs Schritten zum unterhaltsamen Geburtstags-Quiz

1. Alle Fragen und Antwortmöglichkeiten werden schriftlich formuliert an die Quizteilnehmer verteilt. Bei großen Runden können sich hierfür auch mehrere Personen zu einem Quiz-Team zusammenfinden.

2. Das Blatt mit den Fragen und Antwortmöglichkeiten wird zu Beginn des Quiz' verteilt. Jeder Teilnehmer schreibt seinen Namen auf das Blatt.

3. Der Quizmaster legt die Zeit fest, die den Spielern zur Beantwortung der Fragen zur Verfügung steht. Danach werden die Blätter eingesammelt.

4. Der Quizmaster wertet in Kürze die Antworten aus und bestimmt die drei besten Quizergebnisse.

5. Er liest die Auflösungen vor und kann diese bei Rückfragen auch einwandfrei belegen.

6. Der Quizmaster liest die drei Gewinner vor und verteilt kleine Preise als Anerkennung.

Recherchieren Sie als »Quizmaster« die Antworten sorgfältig.

Achten Sie bei der Formulierung der Fragen darauf, dass sie allgemein verständlich sind und keine Missverständnisse begünstigen. Sammeln Sie alle Informationen zu den Antworten der Quizfragen mit den entsprechenden Quellen, damit Sie bei der Auflösung korrekte Auskünfte geben können und die richtige Antwort auch belegen können.
Es ist zwar nur ein Spiel, aber die Teilnehmenden haben dennoch ein Anrecht auf eine korrekte Begründung der richtigen Antwort.

Nehmen Sie ausreichend Kopien mit zum Fest und stecken Sie sicherheitshalber auch Schreibgeräte in entsprechender Anzahl ein. Nicht jeder Gast hat bei einer Geburtstagsfeier Kuli oder Stift dabei.

Quizbeispiele: And the Winner is ...

Es kommt immer gut an, wenn Sie für den oder die Gewinner jeweils einen kleinen Preis ausloben. Der Wert ist nebensächlich, was zählt sind Themenbezug, Witz und Originalität. Lassen Sie sich nun von den nachfolgenden Quizspielen inspirieren:

Fortschritt durch Technik: Das Erfinder-Quiz

1. *Was hat Heribert Bauer aus Pforzheim 1855 der staunenden Öffentlichkeit vorgestellt?*

  A Druckknopf
  B Glühbirne
  C Düngestäbchen

Lösung: A

2. *In welchem Land wurde das Feuerwerk erfunden?*

  A Portugal
  B Italien
  C China

Lösung: C

3. *Was ist eine Montgolfiere?*

  A Tablett für Pralinen, wie es am Hof Ludwig XIV. in Gebrauch war
  B Der erste Heißluftballon
  C Golfschläger, der an Hanglagen eingesetzt wird

Lösung: B

Ein guter Jahrgang: Das Wein-Quiz
Quellen: u. a. Weinführer, Kochbücher

1. *Was ist Riesling?*

  A Rebsorte
  B Lage
  C Weinbaugebiet

  Lösung: A

2. *Wer hat den Krimi »Rioja für den Matador« geschrieben?*

  A Petra Grob
  B Paul Grote
  C Pascal Groß

  Lösung: B

3. *Was heißt Prost auf japanisch?*

  A Ni hau
  B Sa lu te
  C Kanpai

  Lösung: C

4. *Hinter welchem Begriff verbirgt sich ein Weingut?*

  A Chatreuse
  B Chateaubriand
  C Château

  Lösung: C

5. *Bei welcher Temperatur friert Wein mit 9 % Alkoholgehalt?*

  ....

  Lösung: Bei minus 4°C

6. *Was heißt D.O.C. bei italienischen Weinen?*

....

        Lösung: Denominazione di origine controllata

7. *Welche Weinregion wurde mit dem Werbeslogan beworben »Von der Sonne verwöhnt«?*

    A Mosel
    B Baden
    C Rheingau

                                Lösung: B

8. *Welcher Jahrgang ist Thomas Gottschalk?*

    A 1945
    B 1950
    C 1953

                                Lösung: B

9. *Was ist »Falcon Crest«?*

    A Australischer Weißwein
    B Weinlokal in Berlin
    C Amerikanische Fernsehserie über
        eine Winzerfamilie

                                Lösung: C

Der Gewinner erhält z. B. einen Korb Weintrauben und eine Flasche Wein mit einer riesigen Schleife.

Keine frostige Angelegenheit: Das Winter-Quiz
Quellen: Bücher, Reiseberichte, Wetter-Websites im Internet

1. *Was heißt das schwedische Wort* Kälke *auf Deutsch?*

   A Schnee
   B Schlitten
   C Schlittschuh

   Lösung: B

2. *Wann ist der meteorologische Winteranfang?*

   ....

   Lösung: 1. Dezember

3. *Was ist die kälteste Temperatur, die jemals in Deutschland gemessen wurde?*

   A − 37,8 C
   B − 29,3 C
   C − 41,5 C

   Lösung: A

4. *Was ist ein Eistaucher?*

   A Eine Vogelart
   B Angler in Grönland
   C Modernes Gerät zur Eisherstellung

   Lösung: A

5. *Welche Gehölze sind auch im Winter grün? (Mehrfachnennung)*

A Espe
B Buche
C Bambus
D Birke
E Wacholder

Lösung: C und E

6.

Welches sind keine Zugvögel? (Mehrfachnennung)

A Amsel
B Specht
C Kuckuck
D Sperling
E Mauersegler

Lösung: A, B, D

7.

Was bezeichnet man als Eiswein?

A Weißwein mit Eiswürfeln
B Wein aus Trauben, die nach dem ersten Frost gelesen wurden
C Wein aus Grönland

Lösung: B

Der Gewinner erhält z. B. 1 Packung Vanilleeis / ein Thermometer / ein Paar Strickhandschuhe.

Alles so schön bunt hier: Das Medien-Quiz

1. Zwischen welchen Buchstaben liegt auf einer deutschen Computertastatur der Buchstabe G?

   A zwischen D und F
   B zwischen F und H
   C zwischen H und J

Lösung: B

2. Seit wann gibt es in Deutschland das Farbfernsehen?

....

Lösung: 25. August 1967

3. Wann ging der erste Walkman über die Ladentheke?

   A 1979
   B 1984
   C 1987

Lösung: A

4. Wie viele Einträge gibt es zum Begriff »Geburtstag« bei Google.de?

   A ca 1,5 Mio
   B ca. 26,8 Mio
   C ca. 750 000

Lösung: B

5. Was ist ein Emoticon?

....

Lösung: Emoticons sind Zeichenfolgen, die Emotionen ausdrücken. Sie bestehen aus Interpunktionszeichen z. B. :-). Verwendung meist in E-Mails.

Bon Appétit: Das Feinschmecker-Quiz

Quellen: z.B. Kochbücher, Kochzeitschriften, Speisekarten

Rund ums Kochen und Genießen dreht es sich bei der folgenden Quiz-Idee. Je nachdem, wie fit Sie die Gästerunde bei diesem Thema einschätzen, halten Sie Ihre Fragen eher allgemein oder lassen Sie Kochtricks, Spezialitäten oder Fachbegriffe raten.
Der Gewinner erhält z. B. 1 Gramm essbares Blattgold zum Dekorieren des Nachtisches.

Quizthemen sind nun mal Geschmackssache

Take a walk on the wild side: Das 70er Jahre-Quiz

Quellen: u. a. Jahresbücher, Fernsehsendungen, Fotos, Zeitschriften, je nach Alter eigene Erinnerungen.

Wenn die Geburtstagsgesellschaft altersmäßig homogen ist, sind auch Quizspiele unterhaltsam, die sich auf eine bestimmte Zeitspanne konzentrieren, weil man in der Regel einen ähnlichen Erlebnishintergrund der Teilnehmenden voraussetzen kann. Die Idee funktioniert natürlich auch z. B. mit den 60er, 80er oder 90er Jahren – das hängt allein von der Altersstruktur der Gäste ab.
Der Gewinner erhält z. B. ein Paket Räucherstäbchen.

Weltgewandt: Das Hymnen-Quiz

Liegt die Geburtstagsfeier in zeitlicher Nähe zu Sportgroßereignissen wie Weltmeisterschaften oder Olympischen Spielen, macht das nachfolgende Quiz besonderen Spaß. Testen Sie, wer einzelnen Ländern die entsprechende Nationalhymne zuordnen kann. Am besten kombinieren Sie Fragen nach allgemein bekannten Hymnen mit Fragen zu den Hymnen kleiner oder exotischer Staaten. CDs mit einer Auswahl an Nationalhymnen sind im Handel erhältlich.
Der Gewinner erhält z. B. eine Weltkarte.

Hör auf meine Stimme, Kleines: Das Kino-Quiz

Synchronstimmen von Hollywoodstars raten lassen

Besteht die Geburtstagsgesellschaft aus Personen, die ähnliche Interessen haben, wie z.B. Film und Kino, ist ein Hör-Quiz eine witzige Alternative. Klingt einfach, aber Sie werden merken, wie schwer es ist, die Stimmen zuzuordnen, wenn man nur auf das Gehör angewiesen ist. Um das Ganze spannend zu gestalten, nicht unbedingt auf die Stimmen der ganz großen Blockbuster-Stars zurückgreifen – wenn die Teilnehmenden sich gut auskennen, sondern auch mal Stimmen aus älteren Filmen wählen. Geraten wird, wessen Synchronstimme zu hören ist.
Der Gewinner erhält z. B. eine Oscar-Figur. (Pokal-Shop)

Sketche: Das macht sie so besonders

Ein Sketch ist eine szenische Aufführung und bedeutet deshalb mehr als einfach einen Text vorzulesen. Vielmehr soll das geschriebene Wort zum Leben erweckt werden. Das macht ja schließlich den Charme eines guten Sketches aus. Um die Pointe dramaturgisch vorzubereiten, müssen die Charaktere überzeugend rübergebracht werden.

Der Sketch setzt immer bei einer bereits laufenden Handlung ein. Obwohl die Zuschauer diesen Handlungsvorlauf nicht kennen, sollen sie in der Lage sein, die Situation in Sekundenschnelle zu erfassen. Alles, was dazu notwendig ist, muss gleich zu Beginn der Aufführung vermittelt werden, damit die Pointe am Ende des Sketches auch ankommt. Damit dies gelingt, ist folgendes Vorgehen empfehlenswert, um so den komödiantischen Charakter der Darbietung zu unterstreichen:

Ein Logenplatz für das Geburtstagskind

- Personen sollten »typengerechte« Figuren spielen
- Jede Figur sollte dazu passend angezogen sein
- Requisiten wählen, die den Charakter der Figuren unterstreichen
- Laut, deutlich und eher überbetont sprechen
- Den Dialog durch lebendige Mimik unterstützen
- Eine weit ausholende, leicht übertriebene Gestik einsetzen

Also keine Angst vor eventuellen Klischees! Schließlich geht es um einen harmlosen Spaß und nicht um ausgefeilte politisch-korrekte Charakterstudien.

Sketche konzipieren und einüben

Die vorgestellten Sketche sind zwar alle nicht länger als fünf Minuten. Aber Sie werden sich wundern, wie lange fünf Minuten dauern können, wenn Sie selbst »auf der Bühne« stehen. Deshalb geht es auch bei einer vergleichsweise kurzen szenischen Aufführung nicht ohne Proben. Zwei bis drei Probentermine mit allen Beteiligten sollten Sie schon einkalkulieren. Die Probenaufteilung kann beispielsweise wie folgt aussehen:

Probenplan

Probe 1	• Figuren festlegen • Text einüben
Probe 2	• mit Requisiten und Kostümen proben • Text einüben
Probe 3	• Feinheiten in Gestik und Mimik einüben • Textbetonung verfeinern • Evtl. Toneffekte einbauen

Mit Requisiten die Wirkung unterstreichen

Für die in diesem Buch vorgestellten Sketche sind weder komplizierte Kostüme noch ein aufwändiges Mobiliar notwendig. Dennoch lohnt es sich, über einzelne zusätzliche Gegenstände nachzudenken, die die Wirkung der Darbietung erhöhen, weil die Zuschauer durch sie den Schauplatz des Sketches auf einen Blick erkennen können, wie beispielsweise:

Schauplatz	Requisiten	Akustische Untermalung
Am Strand	Sonnenschirm, Badelatschen, einige Flaschen Sonnenmilch	Möwengeschrei, Meeresrauschen
Im Büro	Tisch, Telefonattrappe, Laptop	Telefongeklingel
Auf dem Balkon	Kübelpflanze, Blumenkasten, Liegestuhl	Vogelgezwitscher
Im Auto	Stuhl und Lenkrad	Hupen
An der Haltestelle	Koffer, Haltestellenschild	Verkehrsgeräusche
Auf der Party	Stehtisch, Sektkühler mit Inhalt, gefüllte Gläser	Stimmengemurmel
In der Kneipe	Tisch mit Stühlen	Hintergrundmusik
Im Park	Gartenbank, Papierkorb	Vogelgezwitscher
Auf dem Wochenmarkt	Obstkisten, Sonnenschirm	Stimmengemurmel

Auch für Sketche gilt: Weniger ist mehr

Eines vorneweg: In der Kürze liegt die Würze, besonders bei der Aufführung von Sketchen. Vergegenwärtigen Sie sich immer: Ein Sketch ist kein Theaterstück und eine Geburtstagsfeier ist nicht das Staatstheater. Die Aufführung eines Sketches soll andere kurzweilig unterhalten und kein Selbstzweck sein. Keinesfalls sollte er als Plattform für die Selbstdarstellung der Akteure dienen.
Für kurze Sketche – und damit ist eine Dauer von höchstens 5 Minuten gemeint – spricht außerdem die begrenzte Konzentrationsfähigkeit von Gästen und Gastgeber während einer Geburtstagsfeier.

Ideenquellen für Sketche

Lassen Sie sich inspirieren. Woher bekommt man Ideen für gelungene Sketche?
Bevor es nun ans Proben und Organisieren geht, braucht man erst einmal einen brauchbaren Stoff, den man zur inhaltlichen Grundlage seines Sketches machen kann. Hier bieten sich folgende Inspirationsquellen an:
- Märchen
- Presseberichte
- Fernsehsendungen
- Witze
- Zitate
- Stilblüten
- Eigene Beobachtungen
- Alte Familiengeschichten

Bei allen diesen Ideenquellen sollten Sie das Grundthema des Festes, nämlich einen Geburtstag, mit einbauen. Dadurch wird

Ihr Sketch unverwechselbar und wirkt origineller als das bloße Nacherzählen bzw. Inszenieren von beliebigen Witzen.
Sie können Ihren Sketch direkt mit Person, Name, Alter und Vorlieben des Geburtstagskindes verknüpfen. Das ist eine wertschätzende »Hommage« an das Geburtstagskind und wird sicher noch lange in positiver Erinnerung bleiben.
Hier nun drei Beispiele, die Sie für Ihren Sketch als Ideenquelle mit dem Thema Geburtstag verknüpfen können:

Ideenquelle Märchen

Schicken Sie Märchenfiguren auf eine Zeitreise.

Wählen Sie ein bekanntes Märchen aus, bei dem Sie davon ausgehen können, dass alle Geburtstagsgäste es kennen, wie z. B. die Märchen von den Gebrüdern Grimm. Märchen haben immer eine »Moral«. Diese können Sie in Ihrem Sketch veralbern, verfremden und in eine Pointe umwandeln. Witzig ist es auch, die Märchenpersonen in die Gegenwart zu versetzen und sie mit Requisiten von heute auszustatten. Ideengeber für den folgenden Sketch ist das Märchen »Hänsel und Gretel«. Was wäre passiert, wenn …

Sketch: Noch mal davongekommen

Darsteller/innen:
- Hänsel, *in rot-weiß kariertem Hemd und kurzen Hosen, mit Wanderschuhen und Fernglas*

- Gretel, *im Sommerkleid mit Wolljacke, mit Zöpfen, einem Weidenkorb und Landkarte*

- Hexe: *Elegant ganz in schwarz gekleidet, schlichtes Kostüm, schwarze Pumps, mit schwarzer Sonnenbrille und (möglichst schwarze) Haare hochgesteckt*

Bühnenbild und Requisite:
Ein Türrahmen mit Tür, Klingelton Big Ben (von Handy oder Mp3-Player)

Szene:
Hänsel und Gretel schauen sich ratlos um. Gretel hantiert umständlich mit der Landkarte, Hänsel blickt suchend durchs Fernglas

Gretel: *(erschöpft)* Och Mensch, Hänsel, ich glaube wir haben uns verlaufen. Wir finden da nie im Leben mehr hin.

Hänsel: *(cool)* Jetzt dreh nicht gleich durch, Gretel. Ich hab ja gleich gesagt: Lass uns das Navi mitnehmen, dann gibt's keine Probleme …

Gretel: *(genervt)* Meine Güte, wir sollten aber doch in der Lage sein, ohne Navi dorthin zu finden, wo der Uli heute seinen Geburtstag feiert. Da waren wir doch schließlich schon mal.

Hänsel: *(lustlos)* Keine Ahnung. Vertrau einfach meinen Navigationskünsten. Ich war ja schließlich mal Pfadfinder. Wäre doch gelacht, wenn wir nicht gleich da wären.

Gretel: *(aufgeregt)* Du, Hänsel, da drüben steht ein kleines Haus, da brennt auch noch Licht. Sollen wir da nicht mal fragen, wo wir lang müssen?

Hänsel: *(aufgebracht)* Na, das tät' mir gerade noch fehlen. Am Ende wohnt da womöglich so eine alte missgelaunte Hexe, die sich nur über uns lustig macht. Nein danke, darauf kann ich gern verzichten. Wir – ich meine ich – schaffe das allein!

Gretel: *(quengelig)* Du immer mit Deinen Vorurteilen. Ich möchte nur daran erinnern, dass es jetzt schon nach neun ist. Der Uli fragt sich bestimmt, wo wir bleiben. Und Hunger hab ich auch … Und das Haus sieht doch ganz niedlich aus – ein richtiges Hexenhäuschen.

Hänsel: Na, gut, aber auf Deine Verantwortung. Dann komm aber auch. Wir müssen uns jetzt wirklich beeilen.

Beide laufen ein Stück und bleiben vor einer alten Tür stehen. Hänsel klingelt. Es ertönt das Glockengeläut von Big Ben. Die Tür öffnet sich und die schwarzgekleidete Hexe steht Hänsel und Gretel gegenüber.

Hexe: *(laut und unfreundlich)* Sagen Sie mal, was fällt Ihnen denn ein, mich hier zu nachtschlafender Zeit aufzuwecken? Haben Sie denn keine Uhr?

Hänsel: *(stockend)* Doch schon, äh, ja, nun, entschuldigen Sie bitte. Das war jetzt keine böse Absicht von uns. Wir sind … eh, wir haben, wir sollten …

Gretel: *(ungeduldig, aber freundlich)* Was mein Bruder Ihnen mitzuteilen versucht, ist folgendes: Wir sind auf die Geburtstagsfeier unseres Freundes Uli eingeladen und haben uns richtig verlaufen. Das Navi haben wir zu Hause vergessen und nun fragen wir Sie, ob Sie uns sagen können, wie wir zum Eichhörnchenweg 23 kommen?

Hexe: *(gedehnt)* Ach sooo, Ihr habt Euch verlaufen. Ach, das ist aber schlimm. Und Ihr seht ja auch so erschöpft aus… Ihr habt doch bestimmt Hunger und möchtet vielleicht eine kurze Rast bei mir einlegen? Tut mir leid, dass ich eben so unfreundlich war. Ich dachte, Ihr gehört zu den nervigen Nachbarskindern, die sich immer an meinem Häuschen zu schaffen machen, hihi *(kichert leise)*

Gretel: Na ja, ein kleiner Snack zur Stärkung wäre gar nicht so übel ...

Hänsel: Ach, ich weiß nicht ..., wir sind schon so spät dran ...

Hexe: *(verführerisch)* Ich habe leckere Lebkuchen, die lasse ich mir immer aus Amsterdam liefern, die solltet Ihr mal probieren.

Gretel: Sehr freundlich, aber wir essen nichts Süßes vor dem Abendessen.

Hänsel: Ja, genau.

Hexe: *(flüsternd)* Oder wie wär's mit einer schööööönen Tasse mit heißem Kakao, Ich habe biologisch-organische Kakaobohnen aus Neuseeland, die ich selbst in einer Schweizer Kakaomühle mahle.

Gretel: Also nein, herzlichen Dank, wir möchten dann doch unseren Weg fortsetzen.

Hänsel: Na ja, wo Du recht hast, hast Du recht ...

Hexe: *(hochnäsig)* Na gut, dieses Mal lasse ich Euch noch mal davonkommen. Aber wartet nur, bekanntlich sieht sich im Leben immer zweimal.

Gretel und Hänsel gucken sich verständnislos an und zucken mit den Schultern.

Hexe:	*(freundlicher)* Also zum Eichhörnchenweg geht es da vorne gleich rechts am Parkplatz vorbei und dann links vom Kinderspielplatz in den kleinen gepflasterten Weg. Dann könnt ihr es nicht verfehlen. ... Und feiert schön, und esst auch ordentlich, damit Ihr schön dick und rund werdet, hi hi hi.
	Die Hexe kichert und schließt die Tür. Hänsel und Gretel stapfen los.
Hänsel:	Na siehst du, jetzt sind wir gleich da und alles ist gut ausgegangen.
Gretel:	Hallo Uli, wir sind dahhaaa!
Hänsel:	Hallo Uli, was gibt es denn zum Essen?
	ENDE

Inspiration Zeitungsmeldungen

Jeden Morgen neue Ideen frei Haus

Zeitungsartikel sind dankbare Ideengeber, weil sie einem genügend Fakten für die Ausgestaltung des Sketches liefern. Für den Geburtstagssketch sind vor allem Berichte zu den folgenden Themen gut geeignet: die Bevölkerungsentwicklung in Deutschland/Europa/auf der Welt, wachsende/sinkende/gleich bleibende Geburtenraten, die neuesten Ergebnisse aus der medizinischen Forschung oder neue Erkenntnisse zum Thema Anti-Aging. Wie ein Sketch aussehen kann, der aus einer Zeitungsmeldung zur demoskopischen Entwicklung in Deutschland entwickelt wurde, zeigt das nachfolgende Beispiel:

Sketch »Da staunt der Fachmann und der Laie ist verblüfft«

Darsteller/innen:
- Frau Dr. Wunderlich, *in weißem Kittel mit Lesebrille, Handy in der Kitteltasche, mit Clipboard in der Hand*

- Herr Dr. Altmann, *in weißem Kittel, mit einem Aktenordner unterm Arm*

- Frau Uta Schneider, Sekretärin von Frau Dr. Wunderlich, *im Bürokostüm*

Bühnenbild und Requisite:
Ein Tisch mit einem Laptop darauf, ein Regal mit ein paar Aktenordnern

Szene: *Frau Dr. Wunderlich und Dr. Altmann stehen zusammen und unterhalten sich. Dr. Wunderlich prüft die Eintragungen auf dem Clipboard.*

Dr. Wunderlich:	*(energisch)* Sie können es drehen und wenden wie Sie wollen, Herr Dr. Altmann, aber Sie wollen mir doch nicht im Ernst erzählen, dass Silke Baumann schon 46 Jahre alt ist. Nach unserer Erhebung: »Wie alt sind die Deutschen – Das biologische Alter gestern und heute«, die wir ja im Auftrag der Bundesregierung durchführen, kann Frau Baumann keinesfalls älter als 35 sein.
Dr. Altmann:	*(interessiert)* So? Ja, was bringt Sie denn zu dieser Annahme, Frau Kollegin?
Dr. Wunderlich:	*(geschäftig)* Bitte, Herr Kollege, wenn ich mal aus der Befragung von Frau Baumann zitieren darf: Fahre zwei mal in der Woche mit meinem Sohn Inline-Skates, jogge jeden morgen zehn Kilometer, mache jeden Abend einen ausgedehnten Abendspaziergang mit meinem Setter Timmi …
Dr. Altmann:	*(amüsiert)* Na, und wenn schon! Sie tun ja gerade so, als ob Menschen jenseits der 40 total unsportlich sind.
Dr. Wunderlich:	*(energisch)* Das ist ja noch längst nicht alles. Ich zitiere weiter: Lieblingsmusik: Heavy Metal, Lieblingsgruppe Metallica. Na ich bitte Sie! Welcher vernünftige Mensch über 30 hört sich denn Metallica-CDs an! Das geht doch irgendwie nicht mit rechten Dingen zu, wenn Sie mich fragen.
Dr. Altmann:	*(geduldig)* Ja, existiert denn dann wenigstens ein Foto von dieser mysteriösen Silke Baumann. Das könnte uns doch bei der Überprüfung der Befragungsergebnisse auch schon mal weiterhelfen.
Dr. Wunderlich:	*(schnippisch)* Das schon, aber wer gibt denn heute noch etwas auf die Aussagekraft von Fotos? Sie wissen doch, welche Möglichkeiten Frauen heute haben, um jünger auszusehen.

Von den Möglichkeiten moderner Bildbearbeitung mal ganz zu schweigen!

Das Handy von Dr. Wunderlich klingelt mit der Melodie »Dancing Queen« von ABBA.

Dr. Altmann: *(lacht)* Sie haben aber auch einen gewöhnungsbedürftigen Musikgeschmack, Frau Kollegin. Das hätte ich Ihnen gar nicht zugetraut: ABBA als Klingelton!

Dr. Wunderlich: *(verlegen, drückt das Gespräch weg)* Ach, das! Das hat bestimmt meine Tochter wieder verstellt.

Verstaut ihr Handy umständlich in der Kitteltasche. Es klopft.

Dr. Altmann und Dr. Wunderlich: *(gleichzeitig)* Ja, bitte?

Die Sekretärin Frau Schneider betritt den Raum.

Dr. Altmann: Grüß Gott, Frau Schneider, was gibt es denn so Wichtiges? Sie sehen doch, dass ich mit Frau Dr. Wunderlich in einem wichtigen Fachgespräch bin.

Uta Schneider: *(eifrig)* Entschuldigen Sie bitte die Störung, Herr Dr. Altmann, Frau Dr. Wunderlich. Aber ich habe soeben das Fax von Frau Baumann erhalten. Sie hatten mich doch gebeten, die Geburtsurkunde anzufordern, um endlich alle Zweifel wegen des Alters von Frau Baumann zu beseitigen – und hier ist die Kopie. Soeben eingetroffen ...

Sie reicht Dr. Wunderlich ein Blatt Papier. Dr. Wunderlich liest interessiert. Dr. Altmann beugt sich hinüber und liest mit.

Dr. Altmann:	*(cool)* Ich wusste es doch, Frau Kollegin. Jetzt haben wir es hier schwarz auf weiß: Silke Baumann ist 46 Jahre alt – und zwar heute auf den Tage genau – wenn Sie mir diese Anmerkung gestatten.
Uta Schneider:	*(aufgeregt)* Ja, das wollte ich Ihnen ja gerade mitteilen: Frau Baumann hat noch folgendes geschrieben: Liebes Team von der Forschungsgruppe WIE ALT SIND DIE DEUTSCHEN: Die Anforderung meiner Geburtsurkunde zur eindeutigen Bestimmung meines Alters hat mich sehr amüsiert. Wie Sie dem Dokument unschwer entnehmen können, habe ich heute Geburtstag. Und da ich – trotz meiner 46 Jahre – immer noch ein ausgesprochen neugieriger Mensch bin, möchte ich Sie alle drei einmal persönlich kennen lernen. Deshalb lade ich Sie hiermit ganz offiziell zu meiner heutigen Geburtstagsfeier ein. Heute Abend, 20 Uhr. Ich freue mich, wenn Sie vorbeischauen! Mit den besten Grüßen Silke Baumann *Herr Dr. Altmann und Frau Dr. Wunderlich schauen sich verwundert an.*
Dr. Wunderlich:	Ich bin zwar ziemlich müde, aber die Gelegenheit, einem solch seltenen Forschungsobjekt einmal von Angesicht zu Angesicht gegenüber zu treten, sollten wir uns nicht entgehen lassen. Oder was meinen Sie, Dr. Altmann?
Dr. Altmann:	Ich bin dabei. Und Sie, Frau Schneider?

Uta Schneider: Na klar doch. Das wird bestimmt prima. Hoffentlich werden auch ein paar Metallica-CDs gespielt …

Frau Dr. Wunderlich greift sich an den Kopf.
Herr Dr. Altmann zuckt die Schultern.
Frau Schneider strahlt.
Alle drei gehen von der Bühne.

ENDE

Ideenquelle Fernsehen

Oft unfreiwillig komisch: Talkshows im Fernsehen

Polit-Talk-Shows eignen sich sehr gut als Inspiration für die Entwicklung eines Sketches. Dekoration und Requisiten sind dabei unkompliziert.

Aus der Tatsache, dass sich in vielen Polit-Talk-Shows Moderatorinnen, Politiker und Sachverständige häufig mit hochgestochenem Deutsch wichtig tun, können Sie unterhaltsame Sketche texten.

Hier ein Beispiel dazu:

Sketch »Talk Talk Talk …«

Darsteller/innen:

- Talkshow-Moderatorin Anna Schwall *(mit Blazer und Perlenkette)*

- Talkgast Moritz von Sydow *(elegant gekleidet mit Jacket und Einstecktuch)*

- Talkgast Prof. Charlotte Müller-Heinrich *(mit Wallemähne, auffälligem Ethno-Schmuck und roter Lesebrille)*

Bühnenbild und Requisite:
Drei Stühle, ein kleiner niedriger Tisch mit drei Gläsern Wasser darauf, ein Stapel Moderationskarten. Unter dem Stuhl von Herrn von Sydow liegt ein großes Paket, eingepackt in buntes Papier.

Szene:
Alle drei Personen sitzen um den Tisch herum. Frau Schwall sortiert noch ihre Moderationskarten, die anderen beiden betrachten sie erwartungsvoll.

Schwall: *(mit Blick ins Publikum)* Guten Abend, liebe Zuschauerinnen und Zuschauer, ich begrüße Sie auch heute wieder zu unserer Expertenrunde. Das Thema ist: »Die Geburtstagsfeier – überholter Budenzauber oder Inbegriff des funktionierenden menschlichen Miteinanders angesichts der globalen Herausforderung?«
Begrüßen Sie mit mir Frau Prof. Müller-Heinrich, Inhaberin des Lehrstuhls für abendländische Festgebräuche von der Universität Marburg und Moritz von Sydow, ein langjähriges Opfer von langweiligen Geburtstagsfesten.
Zunächst zu Ihnen, Herr von Sydow: Warum sind Sie gegen das Feiern von Geburtstagen?

von Sydow: Nun, ich will es mal so sagen: Die Fragen, die uns tagtäglich bewegen, lauten doch: Wo kommen wir her? Wo gehen wir hin? Was ist der Sinn des Lebens? Ist der Videorecorder richtig programmiert? Was kostet das Benzin? Auf alle diese weltumspannenden Fragen kann doch eine banale Geburtstagsfeier in keinster Weise befriedigende Antworten geben und deswegen …

Müller-Heinrich: Also, Moment, Herr Sydow, das geht mir jetzt doch ein bisschen zu weit. Die Geburtstagsfeier gehört seit Jahrhunderten – wenn nicht seit Jahrtausenden – zum Festrepertoire der gebildeten Bürger eines Staates. Diese Zusammenkunft wohlgelaunter Menschen, die in gespannter Erwartung einer Geburtstagsfeier entgegensehen, ist meiner festen Überzeugung nach ein gruppendynamisches Erlebnis erster Güte.

Schwall: Ja, aber, was sagen Sie zu der Umfrage, die das Meinungsforschungsinstitut FASEL letzten Monat ausgewertet hat? Demnach geben 63% der Deutschen an, in den vergangenen zehn Jahren keinen einzigen ihrer Geburtstage gefeiert zu haben.

Müller-Heinrich:	Aber die tollen Erfahrungen können Sie doch nicht so einfach vom Tisch wischen: Nervige Tischnachbarn, warme Getränke, Zoff am Nebentisch und quengelige Kinder – ich kann mir keine andere Gelegenheit vorstellen, bei dem Menschen die Geborgenheit der Gemeinschaft so spüren.
Schwall:	Das mögen ja Ihre persönlichen Erfahrungen sein, aber die Mehrheit der Befragten sieht das offensichtlich anders.
Müller-Heinrich:	*(zickig)* Aber das ist doch alles eine Frage der Interpretation. Selbstverständlich lieben die Menschen Geburtstagsfeiern. Schauen Sie sich doch mal die Unmengen an Glückwunschkarten und Geschenkpapieren an, die es zu kaufen gibt. Meinen Sie, die Geschäfte haben das alles nur zu Dekorationszwecken da rumstehen? Das wird in doch permanent gekauft ...
von Sydow:	*(arrogant)* Nun machen Sie mal halblang, Frau Professor! Das ist ja nun eine völlig unzulässige Verknüpfung von Einzelfakten, die einer wissenschaftlichen Betrachtungsweise unmöglich standhalten. Verpacken von Geschenken und Glückwunschkartenkaufen deuten für mich doch vielmehr darauf hin, dass die Menschen es vorziehen, Glückwünsche und Geschenk zu verschicken, anstatt selbst an einer Feier teilzunehmen. Und das, obwohl das gemeinsame Feiern ja wohl – und da werden Sie mir wohl beide recht geben – die persönlichste Form der Geburtstagsgratulation ist. Und wissen Sie was: Diese Menschen haben recht. Wer braucht diese stinklangweiligen Geburtstagsfeiern? Ich sage es Ihnen: NIEMAND! Und ich weiß schließlich, wovon ich rede.
Schwall:	*(im Tonfall wie zu einem kleinen Kind)* Nun, lieber Herr von Sydow, dann bringen Sie uns doch bitte auf den neuesten Stand und schildern Sie unseren Zuschauern einmal konkret, was Sie denn schon so Entsetzliches auf Geburtstagsfeiern erlebt haben.

von Sydow: *(rutscht unruhig auf seinem Stuhl hin und her)* Nein, das halte ich für keine gute Idee. Ich bin vielmehr inzwischen überzeugt, dass diese Diskussion zu nichts führt. Wir reden hier anscheinend aneinander vorbei. Ich habe jetzt auch keine Lust mehr auf dieses Geschwafel. Können wir nicht zum Schluss kommen?

Müller-Heinrich: *(lächelt mitleidig)* Nanu, Herr von Sydow, so kenne ich Sie ja gar nicht. Sie tun ja gerade so, als hätten Sie heute noch was Besseres vor *(mit Beifall heischendem Blick ins Publikum)*. Sie sind ja schon ganz hibbelig.

von Sydow: *(hochnäsig)* Ja, das stimmt, Gnädigste. Ich führe neben meiner anspruchsvollen beruflichen Tätigkeit auch noch ein reges und abwechslungsreiches gesellschaftliches Leben. Deswegen entschuldigen Sie mich jetzt, ich bin verabredet.

Schwall: *(munter)* Nun, Herr von Sydow, wenn Sie so entschlossen aufbrechen, dann verraten sie doch unseren Zuschauern wenigstens, wohin Sie Ihre Wege jetzt führen:

von Sydow: *(ungeduldig)* Na gut, um des lieben Friedens willen erzähle ich es Ihnen. Sonst habe ich ja morgen wieder eine miese Presse. Ich gehe jetzt auf den Geburtstag meiner Schwester Lilli. Die ganze Familie kommt. Da freue ich mich schon den ganzen Tag drauf …

Moritz von Sydow steht auf, schnappt sich das bunte Paket unter seinem Stuhl und stolziert von der Bühne.

Anna Schwall und Prof. Charlotte Müller-Heinrich schauen sich ratlos an und schütteln ungläubig die Köpfe.

ENDE

Gesungene Glückwünsche

Singen ist immer eine gute Idee. Manche Klassiker lassen sich leicht singen und eignen sich deshalb auch für ein Geburtstagsständchen – mit neuem Text natürlich. Eine bekannte und eingängige Melodie als Grundlage eines Geburtstagsständchens zu wählen, hat unschlagbare Vorteile:
Bekannte Melodien

- lassen sich leicht einüben
- animieren zum Mitsingen
- sorgen schnell für gute Stimmung

Glückwünsche für jede Tonlage

Die folgenden Vorschläge können Sie in der Gruppe oder allein vorsingen:

Kinderlieder

Alle meine Entchen; Hänschen klein; Vogelhochzeit; Backe Backe Kuchen; Alle Vögel sind schon da; Ein Männlein steht im Walde; Hänsel und Gretel verirrten sich im Wald; Ri-ra-rutsch Probieren Sie einfach die folgenden Beispiele aus:

Melodie: »Hänsel und Gretel«

Helmut und Lilo
verirrten sich im Wald
Es war so finster und auch so bitter kalt
Sie kamen an ein Häuschen,
So friedlich und so rein
Wer mag Bewohnerin dieses Häuschens sein?

Huhu, da schaut ja die liebe Bärbel raus.
Sie hat Geburtstag und hält es kaum noch aus,
bis sie alle Geschenke auspacken kann geschwind
Ach, welch' ein Spaß, dass wir so spendabel sind!

Melodie: »Ein Männlein steht im Walde«

Die Petra hat Geburtstag, das freut uns sehr
Sie hat heut' gute Laune, das fällt nicht schwer,
Sag, was bringt das Neue Jahr?
Wird es denn nicht wunderbar
Wenn die Gäste ko-ommen in großer Schar?

Volkslieder

Guten Abend Gut Nacht; Alles neu macht der Mai; Das Wandern ist des Müllers Lust; Hoch auf dem gelben Wagen; Schneewalzer; Geh aus mein Herz und suche Freud; Im Frühtau zu Berge; Wenn wir erklimmen schwindelnde Höhen

Beispiel Melodie »Guten Abend Gut Nacht«

Zum Geburtstag viel Glück
Schau nach vorn, nicht zurück
wünschen Dir heut viel Spaß
für die Zukunft und noch was:

Komm gut rüber und träum
vom großen Glück ganz geheim
Komm gut rüber und träum
vom großen Glück ganz geheim.

Melodie: »Hoch auf dem gelben Wagen«

Hochleben soll der Peter
Machen wir's heut ihm schön
Heut gibt's mal kein Gezeter
Und wir kriegen keinen Fön
denn er hat tolle Laune
macht heute alles mit
Um uns herum nur Gestaune
denn er ist su-uper fit!

Oldies

I am what I am; See you later alligator; Mamma Mia; New York, New York; Azzuro; Here comes the Sun; Money Money Money

Hier kann jeder mitsingen

Melodie: »I am what I am«

Ei, wer kommt denn da
Ja, es ist wahr: Silke wird achtzehn!

Ei, was ist jetzt los
Jetzt kommt's ganz groß
Gleich wird es losgehn.

Wir wünschen heut' ganz viel Freude, großes Kino
Mit lecker Kuchen, Fingerfood und rotem Vino

Ei, wer kommt den da
Ja, es ist wahr: Silke wird heute achtzehn!

Melodie: »New York, New York«

Hallo, liebe Ruth,
das tut uns so gut
an diesem Tag zu feiern und
bei Dir zu sein!

Wir freuen uns sehr
Dich heute zu sehen
und gratulieren Dir mit Freud'
mit viel Aufseh'n!

Wir möchten, dass es Dir gut geht im folgenden Jahr
Du bist die Königin heut'
Und das ist wahr –

Hallo, liebe Ruth,
das tut uns so gut
an diesem Tag zu feiern und
bei Dir zu sein

Wir möchten, dass es Dir gut geht im folgenden Jahr
Du bist die Königin heut'
Top of the list
Unerreichbar
Mit so viel Freud!

Hallo, liebe Ruth …

Melodie »Azzuro«

Geburtstag –
so heißt das Motto dieses Abends, denn Geburtstag ist schön.
Geburtstag –
das heißt, viel Spaß und gute Laune und zum Feiern ausgehn'
Geburtstag –
am allerschönsten ist's mit euch
drum freu ich mich grade heut.
So lasst uns das Glas erheben
mit Petra und auch mit den andern Leut'.

Melodie: Here comes the Sun

Hier kommt Susann
Dudududu
Hier kommt Susann
Ah, ja
im Festkleid

Liebe Susann,
Wir sind so froh, bei Dir zu feiern
Liebe Susann,
das wollen wir Dir sagen heut.

Hier kommt Susann
Dudududu
Hier kommt Susann
Ah, ja
Im Festkleid

Liebe Susann
Wir wünschen Dir von ganzem Herzen

Liebe Susann,
Nur Liebe, Glück und Zuversicht.

Hier kommt Susann
Dudududu
Hier kommt Susann
Ah, ja
Im Festkleid

Melodie: Money Money Money

Hallo, Hallo, Hallo,
Hallo Peter,
Hast Geburtstag heut

Hallo, Hallo, Hallo,
Hallo Peter
Was uns alle freut

Aha a-a-a-ha
Und wir wünschen von Dir
Auch ein kleines Hallo Hallo
Bis heut Nacht um vier.

Schlager-Oldies und Stimmungslieder

Eine neue Liebe ist wie ein neues Leben; Über den Wolken; Du kannst nicht immer 17 sein; Theo wir fahr'n nach Lodz; Mit 66 Jahren; Liebeskummer lohnt sich nicht; E viva Espagna; Hey Baby; Aber Dich gibt's nur einmal für mich; Marmor, Stein und Eisen bricht

Melodie »Über den Wolken«

Du hast Geburtstag
und das kann doch kein Zufall sein
Alle Freunde alle Nachbarn
Kommen heut her sich zu freu'n
Und alles was uns gestern noch bedrückt
Ist heute ganz verzückt und verrückt.
Ja alles was uns gestern noch bedrückt
Ist heute ganz geglückt.

Melodie: »E viva Espana«

Die Sabrina wird heut dreiunddreißig Jahre
Und sieht ja wirklich wie zwanzig aus
Tolles Kleid und rote, wild gelockte Haare
So geht sie gerne zum Tanzen aus dem Haus.

Das Wetter macht ihr manches Mal Verdruss
Dann sagt sie zu sich selbst: Was muss, dass muss!
Sabrina tanzt bei Tag und Nacht
E viva, Sabrina!
Nur sie weiß, wie man Stepptanz macht
E viva Sabrina!
Die Lerchen singen's heut vom Dach
E viva, Sabrina!
Wir machen heute ganz viel Krach
E viva, Sabrina!

In Strömen fließt der rote Wein
E viva Sabrina
Du sollst die Schönste heute sein
Sabrina hau jetzt rein!

Im Chor singen

Ein gemeinsames Loblied auf das Geburtstagskind

Ganz gleich für welches Genre sie sich entscheiden, ob Stimmungslied, Oldie oder Kinderlied – mit einem gemeinsam mit anderen gesungenen Geburtstagsständchen bringen Sie nicht nur dem Geburtstagskind besondere Wertschätzung entgegen, Sie fördern auch die gute Stimmung einer Festgesellschaft.

Um nun die Geburtstagsfeier gesangstechnisch in Schwung zu bringen, ist es eine gute Idee, bereits rechtzeitig vor dem Fest einen »Geburtstagschor« aus sangesfreudigen Bekannten, Freunden und Verwandten zusammenstellen.

Geben Sie dem Chor einen beeindruckenden (Fantasie)-Namen. Hierzu wandeln Sie einfach die Namen bekannter Chöre ab. Beschriften Sie ein DIN-A3-Blatt mit dem Namen und halten Sie das Blatt vor Beginn der Darbietung hoch – schließlich soll die ganze Sache auch Spaß machen und nicht mit allzu viel Ernst betrieben werden.

Hier nun einige Anregungen für die Findung Ihres Chornamens:

> **Namensvorschläge für den Chor:**
>
> Die Giessener Goldkehlchen
> Die Bockenheimer Leuchtturmspatzen
> Die Regensburger Reibeeisen
> Die Bielefelder Don Kosaken
> Die Heidelberger Turteltäubchen
> Die Tuttlinger Tonangeber
> Die Schriesheimer Schreihälse

Was die Auswahl der gesungenen Lieder betrifft, sind natürlich der Fantasie keine Grenzen gesetzt. Es versteht sich von selbst, dass man sich weniger für getragene, ernste Stücke entscheidet, sondern beschwingten und humorvollen Liedern den Vorzug gibt.

Bekannte Melodien animieren zum Mitsingen

Besonders originell kommt der Chorgesang natürlich dann rüber, wenn Sie kein »klassisches« Repertoire zum Besten geben, sondern eine bekannte Melodie mit einer Textneuschöpfung unterlegen, die auf das jeweilige Geburtstagskind zugeschnitten ist. Vorschläge zum Umdichten finden Sie auf den Seiten 147 bis 153.

Gerade bei einer größeren Geburtstagsgesellschaft kann der Chor sich spontan vergrößern. Ermuntern Sie die anderen Gäste, beim Refrain mitzusingen und beziehen Sie damit die gesamte Geburtstagsgesellschaft in das Geschehen mit ein. Oder Sie nehmen gleich Ausdrucke mit dem (neuen) Liedtext in ausreichender Menge mit auf das Fest. Es findet sich in der Regel immer jemand, der spontan mitsingt – vorausgesetzt, Sie haben sich für Lied mit einer allgemein bekannten Melodie entschieden.

Übrigens: Wer sich für eine Gesangsdarbietung im Chor entschieden hat, kann mit einem Kanon quasi noch eins drauf setzen, denn diese Variante des Chorgesangs ist sehr wirkungsvoll. Bedenken Sie dennoch, dass es hier auf Präzision ankommt, sonst ist die Wirkung dahin. Also den Gesang im Kanon nicht auf die leichte Schulter nehmen, was die Vorbereitung angeht. Damit ein Kanon seinen besonderen Zauber auch entfalten kann, ist schon etwas Übung vonnöten. Deshalb rechtzeitig vor dem Fest an die Planung denken und üben.

Darbietungen musikalisch begleiten

Bei musikalischen Darbietungen denkt man zunächst an die klassische Begleitung eines Liedes mit Gitarre oder Klavier oder an eine instrumentale Solodarbietung. Das ist durchaus eine schöne Sache, wenn die musizierenden Gäste über ein gewisses Können verfügen. Das ist allerdings nicht immer notwendig, denn bei einem humorvollen Lied, das man allein oder mit anderen im Chor vorträgt, steht ganz klar der Spaß im Vordergrund. Es kommt weniger auf Perfektion an.

Die Messlatte nicht zu hoch hängen

Etwas anders ist es beispielsweise bei Darbietungen mit Flöte, Gitarre oder Klavier. In diesem Fall sollte die musikalische Einlage schon eine gewisse Qualität haben, sonst kann das Ganze für die musizierende Person leicht peinlich werden – und das ist ja nun wirklich nicht der Sinn der Sache.

Das heißt aber noch lange nicht, dass alle anderen Menschen, die nicht über ein ausgeprägtes musikalisches Talent verfügen, ganz auf eine Darbietung mit Instrumenten zu verzichten brauchen. Es ist lediglich eine Frage der Betrachtungsweise, was man denn überhaupt als Instrument ansieht – und da gibt es ja glücklicherweise eine große Auswahl an Möglichkeiten, um gesungene Glückwünsche »aufzupeppen«. Hier einige einfache und wirkungsvolle Vorschläge dazu:

Nach jeder Strophe eines Liedes
- einen Tusch mit einer Tröte loslassen
- einen Akkord auf der Gitarre spielen
- eine Triangel anschlagen
- eine Note auf einer Blockflöte anstimmen

Das erfordert keine Vorbereitung und Sie finden bestimmt spontan unter der Gästeschar willige Mitstreiter, die Ihre Lieddarbietung mit rhythmischen Akzenten begleiten möchten. Am

schönsten wirkt die Darbietung dann, wenn Sie möglichst viele Einzelpersonen zum Mitmachen animieren können.
An Stelle der oben genannten Instrumente eignen sich auch Trommeln oder Percussion-Instrumente hervorragend für die Realisierung der beschriebenen Idee, denn dabei ist der Show-Effekt nicht zu unterschätzen.
Stöbern Sie einmal in Kunstgewerbegeschäften oder Dritte-Welt-Läden. Hier finden Sie in der Regel eine Vielzahl an originellen (und preisgünstigen) Instrumenten.

Aber es geht auch noch einfacher: Begleiten Sie den dargebotenen Gesang mit Gegenständen des täglichen Bedarfs, die Sie für die betreffenden Gesangsdarbietung zweckentfremden. Mit den folgenden Gegenständen können Sie ordentlich Rabatz machen. Und das Praktische daran ist, dass sich die genannten Gegenstände in jedem Haushalt finden oder sich für wenig Geld erwerben lassen.

Tolle Instrumente durch Zweckentfremdung von Haushaltsgegenständen

Das Minimal-Orchester:

- Topf + Kochlöffel
- Holzbrettchen + Kartoffelstampfer
- Metallschüssel + Schneebesen
- Plastikeimer (umgedreht) + Schuhlöffel
- Topfdeckel (Metall) + Topfdeckel (Metall)
- Gläser + Zahnbürste

Und schließlich können alle anderen zumindest eines tun, nämlich klatschen. So können alle Gäste etwas zur Darbietung – und damit zur guten Stimmung beitragen, auch wenn sie nicht sehr musikalisch sind.

Wichtig am Tag der Aufführung

Gut organisiert ins Rampenlicht

Sie haben sich etwas Originelles für Ihre Geburtstagsdarbietung ausgedacht, auch einige Zeit mit dem Einstudieren derselben verbracht – und nun ist der Geburtstag da und alles soll möglichst reibungslos ablaufen. Auch wenn es in Ihren Augen nur ein kurzes Stück ist – unterschätzen Sie nicht, wie wichtig die »Generalprobe« für Ihren Erfolg ist.

Beim Aufbruch zur Geburtstagsfeier

Überprüfen Sie, ob Sie alle Requisiten, die Sie benötigen, eingepackt haben.

Vor Ort – 30 Minuten vorher
Schauen Sie nach, ob alle Beteiligten anwesend sind. Legen Sie alle Requisiten griffbereit hin.

Vor Ort – 10 Minuten vorher
Sammeln Sie sich mit den anderen Beteiligten an einem ruhigen Ort und gehen Sie mit ihnen den Ablauf noch einmal kurz durch.

Und noch ein Tipp:
Seien Sie bis nach der Aufführung zurückhaltend beim Alkoholkonsum. Schließlich müssen Sie sich noch auf Texte oder Melodien konzentrieren – Sie möchten ja schließlich nicht »steckenbleiben« oder die Pointe verhunzen.

Au, Panne! – Wie man mit Missgeschicken umgeht

Trotz Proben und gründlicher Vorbereitung kann es dennoch passieren, dass bei der Aufführung etwas schiefläuft.

Das kann jedem mal passieren

Gründe hierfür können sein:
- Eine der beteiligten Personen vergisst den Text.
- Eine der beteiligten Personen verpasst ihren Einsatz.
- Die Zuschauer sind zu laut, der gesprochene Text ist kaum zu verstehen.
- Ein Gast fällt aus der Rolle und stört die Aufführung.
- Ein Teil des »Bühnenmobiliars« fällt um.
- Es gibt einen Stromausfall.

Das ist unangenehm und kann auch ganz schön Nerven kosten. Wie geht man also mit diesen unvorhergesehenen Situationen am besten um?
Lassen Sie sich auf gar keinen Fall aus der Ruhe bringen. Nehmen Sie die Hilfe und Unterstützung der anderen Gäste an. Jetzt in unkontrollierte Hektik zu verfallen, bringt gar nichts und wirkt außerdem lächerlich. Je nachdem, wie einschneidend die Störung ist, können Sie den Zwischenfall möglicherweise ignorieren und einfach weitermachen.
Handelt es sich um eine entscheidende Störung, die die Fortsetzung der Aufführung verhindert, dann unterbrechen Sie die Aufführung.

Sobald die Störung behoben ist, beginnen Sie mit Ihrer Darbietung einfach noch einmal von vorn. Haben Sie in diesem Fall keine Angst, dass die Zuschauer sich langweilen.
Moderieren Sie die Wiederholung der Aufführung mit einigen launigen Bemerkungen an und Sie haben das »Publikum« auf Ihrer Seite.

Das kann zum Beispiel so klingen:
- »Sie haben bemerkt, wir mussten diese Stelle noch ein letztes Mal ausprobieren …«
- »So ist das heutzutage mit unserem High-Tech-Equipment: Ist die Computersteuerung im Eimer, läuft gar nichts mehr …«
- »Wieder mal so eine Attacke von der Konkurrenz – ja ja, das Theaterleben ist schon hart …«
- »Siehst Du Siggi, ich hab doch gleich gesagt, dieser Überraschungseffekt bringt's nicht wirklich …«

An alles gedacht?

Bevor Sie auf die Bühne gehen, hier zum Abschluss noch einmal das Wichtigste auf einen Blick:

- Passt der Zeitpunkt der Darbietung zum Ablauf des Festes (nach/vor dem Essen, zwischen den Gängen, in der Pause der Band)?
- Sind alle Gäste – und vor allem das Geburtstagskind – anwesend?
- Haben Sie sich mit anderen Gästen, welche eventuell auch eine Darbietung vorbereitet haben, abgesprochen?
- Sind alle Requisiten vorhanden?
- Funktioniert das Mikrofon?